RESEARCH ON THE INFLUENCE MECHANISM OF
DIVISIVE FAULTLINES ON KNOWLEDGE SHARING OF
TECHNOLOGICAL INNOVATION NETWORK

分裂断层对
技术创新网络知识共享的
影响机理研究

杨　毅◎著

经济管理出版社
ECONOMY & MANAGEMENT PUBLISHING HOUSE

图书在版编目（CIP）数据

分裂断层对技术创新网络知识共享的影响机理研究／杨毅著.—北京：经济管理
出版社，2023.6
ISBN 978-7-5096-9108-3

Ⅰ.①分… Ⅱ.①杨… Ⅲ.①计算机网络—应用—高技术产业—技术革新—知
识管理—研究 Ⅳ.①F276.44-39

中国国家版本馆 CIP 数据核字（2023）第 120518 号

组稿编辑：魏晨红
责任编辑：魏晨红
责任印制：黄章平
责任校对：曹 魏

出版发行：经济管理出版社
　　　　　（北京市海淀区北蜂窝 8 号中雅大厦 A 座 11 层　　100038）
网　　　址：www.E-mp.com.cn
电　　　话：（010）51915602
印　　　刷：北京市海淀区唐家岭福利印刷厂
经　　　销：新华书店
开　　　本：710mm×1000mm /16
印　　　张：13
字　　　数：200 千字
版　　　次：2023 年 7 月第 1 版　　 2023 年 7 月第 1 次印刷
书　　　号：ISBN 978-7-5096-9108-3
定　　　价：78.00 元

① 绪 论

科技创新已成为提高国家综合实力和国际竞争力的决定性力量，在党和国家发展全局中的地位和作用更加凸显。党的十九大报告明确提出，创新是引领发展的第一动力，是建设现代化经济体系的战略支撑。把加快建设创新型国家作为现代化建设全局的战略举措，坚定实施创新驱动发展战略。党的十九届五中全会进一步强调，必须坚持创新在我国现代化进程中的核心地位，科技创新是全局性的战略支撑，通过科技自强才能实现国家的发展。在 2018 年中国科学院第十九次院士大会、中国工程院第十四次院士大会上，习近平总书记发表重要讲话，成为我们在新时代瞄准世界科技强国目标，不断奋进的动员令。由于科技创新具有全球化、网络化等特征，所以 2016 年《国务院关于印发"十三五"国家科技创新规划的通知》强调，要建立开放高效创新网络，注重不同主体的互相协作与大众创新创业有机结合。在此大背景下，技术创新网络的理论研究和实践探索受到了广泛关注。

技术创新网络是一个复杂的、松散耦合型组织，其中包含多个组织，蕴含丰富多样的知识，这使企业接触新知识有了可能性。技术创新网络中的所有伙伴通过共享、整合和利用知识以及资源互补，共同开发新技术。因此，从技术创新网络中获得的知识为企业升级、更新现有的知识库和技术知识提供了有利的条件。此外，获取合作伙伴的知识可为企业提供发展技术能力的机会。技术创新网络伙伴除了获得彼此的技术知识外，还共同为商业成果贡献了自己的力量。因此，技术创新网络的目标是通过合作伙伴之间的协作来开展技术创新。技术创新网络成员可以更好地运用网络所拥有的共同知识池，开发出新的解决方案，获取更高的利益，实现共同盈利的目标；成员之间还能够互相借鉴、取长补短，学习伙伴的先进知识来实现自身的创新。虽然技术创新会带来诸多利处，但是也会面临一定的风险，如知识溢出、机会主义等。因此，要想使技术创新网络成员之间的知识共享行为更加有效，需要优化网络成员之间交流、互动模式等治理体系。企业伙伴选择行为被认为是理解网络动态发展过程的基础。目前，大部分研究主要集中于合作伙伴选择的影响因素，以及合作伙伴选择对合作双方所带来的影响，研究结论主要为正向影响，如提升双方信任、降低研发成本等，但是对给伙伴选择带来的负向影响并没有做出重点分析。

Heidl 等（2014）对团队断层的概念及其影响进行了深入的分析，他们认为，企业伙伴选择是建立在历史合作关系基础之上的，会促使企业群体间由于亲疏程度不同，而产生相应的"分裂断层"，即引发网络子群现象，子群内部成员的信任度变得更高，关系越来越密切，成员间可以获得更多的知识，为网络创新能力的提升贡献积极的力量；子群内部成员与外部成员互不信任，关系变得生疏，继而产生各种各样的矛盾以及冲突，不利于网络稳定、成员间知识共享、技术创新等。分裂断层概念能够较好地体现出伙伴选择行为对组织产生的不利影响。因此，本书引入分裂断层相关概念，并深入研究其对技术创新网络知识共享行为的影响机理。

1.1　研究背景

1.1.1　现实背景

随着经济全球化和国际竞争的日益激烈，技术创新更迭速度日趋加快，企业独自开展科技创新变得越发困难。很多企业已经意识到了自身缺乏成功创新所需的全部知识和资源，需要借助合作伙伴之间跨组织边界的知识共享、整合、吸收等活动来开展科技创新。合作创新成为企业的必然选择。例如，作为全球最大的个人计算机（PC）零件以及 CPU 生产制造商，Intel 公司很难单独、快速地完成微处理器、芯片、板卡、系统等所有技术研发环节，因此，通过与微软（Microsoft）、华为、国际商业机器公司（IBM）等企业进行合作创新，保证了其在前沿技术领域的核心竞争优势。

作为一种合作创新活动的新形式，技术创新网络日益受到科技创新型企业的青睐。依据网络理论，技术创新网络是指以多个组织（企业）为节点，连接企业节点之间的线（合作关系）的集合。网络节点组织（企业）可以是主导创新的研发者，也可以是辅助创新的催化者，呈现多样化的生态角色。网络节点组织（企业）间可以通过交流、分享、技术合作和资源互补等推动知识转移，并内化为自有知识，提升自主创新能力。技术创新网络不仅成为企业获取竞争优势、开展合作创新的重要途径，也逐渐进化成不同角色价值共创的创新生态系统。美国、德国、英国、加拿大、日本等国家的科技创新型企业早已意识到，技术创新活动不能仅限于单个企业实验室、依靠自有研发中心的方式，于是纷纷到国外设立研发中心及研发基地，吸引国外高科技创新团队协同研发，并逐步构建遍布全球的技术创新网络。随着我国经济水平及科技实力的提高，我国本土科技创新型企业也积极加入全球技术创新网络构建中。2015 年习近平主席在访问美国期间，随团带领国内很多科技龙头企业（如阿里巴巴、腾讯、京东、百度等）一同出访，利用访问的机会，加强与美国相关领域龙头企业（如Apple、Microsoft、Intel 等）的交流和合作。同年，在浙江省乌镇召开了第二届世界互联网大会。这两次交流促使我国科技企业与世界科技企业建立起了创新网络版图。例如，华为与 Intel 公司合作研制了"云管端"物联网连接、清华大学与华盛顿大学共同建立了全球创新学院等。正是通过这种合作创新模式，我国科技企业努力向外界学习，融合当地最新技术，有效控制风险，在技术创新领域取得了技术、经济、商业乃至战略层的收益。

技术创新网络能帮助网络内成员打破技术壁垒，整合创新所需的知识和资源，实现创新协同等功能。但由于网络自身具有松散、耦合等特性，使网络成员间构成的网络结构较为疏散，导致技术创新网络整体不稳定的问题较为突出。此外，由于科技发展快速，网络成员多元节点变得越来越复杂，部分网络创新主体间的联系格外紧密，资源互补、知识融合，导致技术创新网络子群间异常稳固。子群内部企业相互信任、关系紧密，合作和共享频繁，而将网络内部其他企业排除在核心圈之外，导致相互沟通及交流次数减少，合作和经验共享机会大大降低。这种现象被称为"分裂断层"现象。

关于"分裂断层"现象，索尼是典型的组织内断层案例。1999年，索尼推出了两款随身听设备，很多人起初以为这是索尼为了围剿竞争对手而采取的策略，而真实的原因是，索尼作为一家在当时被称为"巨无霸"的跨国企业，罕有市场竞争对手，但其自身存在庞大的部门体系，使内部不同部门在基于ATRAAC3技术开发随身听设备时意见相左，进而开发出两款互不兼容的随身听设备。

随着全球范围内创新网络的逐渐形成，在组织间同样存在"分裂断层"现象。例如，在全球智能手机操作系统的创新生态中存在"分裂断层"现象，曾经塞班、黑莓、微软等手机操作系统与苹果公司的iOS系统和谷歌公司的Android系统并存，在多年的技术创新演进和市场竞争中，塞班等操作系统逐渐退出了市场，取而代之的是iOS和Android并存的操作系统。由图1-1可以看出，iOS的发展促使Android阵营内企业间更加充分的合作，知识共享互动频繁，创新技术涌现，不断推动Android系统的创新网络发展壮大，而Android的壮大促使iOS更积极地寻求合作，强化创新网络中的企业深度合作。由此，每个系统背后日益形成稳定的技术创新网络，而两大系统的技术创新网络之间已明显形成"断裂"现象。

另一个组织间"分裂断层"的例子，发生在微软和索尼之间。众所周知，这两家企业长期在游戏领域展开竞争，微软的游戏设备名为Xbox，索

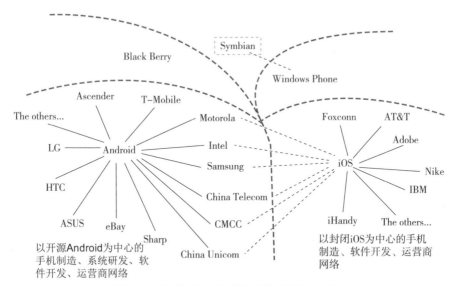

图 1-1　全球智能手机操作系统创新生态状况

尼的游戏设备名为 PlayStation，为了更快地研发出能够吸引市场眼球的新一代游戏设备，它们建立了各自的技术创新网络。微软的游戏开发伙伴包括 2K Games、ACQUIRE、ARTDINK、Bandai Namco Studio、CAPCOM、D3 Publisher、Electronic Arts、Genki、Hamster、Kadokawa Games、Marvelous AQL、Spike Chunsoft、TECMO KOEI、WARNER ENTERTAINMENT 等上百家企业，而索尼为了能与微软在这个领域一争高下，同样建立了自己的游戏开发创新网络。索尼的合作伙伴有 EPIC、AMD、Bluepoint Games、米哈游、Immersion Corporation、R 星等多家企业。微软和索尼的技术创新网络在游戏开发领域呈现不同的合作伙伴选择偏好，知识共享也存在着网络内频繁而网络外疏离的情况，由此在游戏技术的发展方面也不再是千篇一律，迥异的价值主张，形成了不同的技术架构、产品类型等趋势。

　　从上述案例可以看出，组织间的分裂断层对技术创新网络的影响是复杂的。在理论研究层面，有学者围绕断层对组织间群体的破坏性方面展开研究，提出断层能够引起技术创新网络结构的不稳定，甚至导致技术创新网络的消散和衰退。还有学者认为，断层对组织间群体具有积极作用，能够激发群体相互的学习行为，促使群体间的内部信息以及观点互相交流，对群体的创造力提升非常有利。根据以上论述，关于分裂断层及其效应的探索研究还不是很成熟，国内外在这方面的理论研究尚处于探索阶段。

在新时代，我国科技型企业之间的合作不断强化，借助技术创新网络开展更广泛领域内的创新探索更加活跃，客观上需要对技术创新网络分裂断层现象及其影响进行深入分析，以更好地发挥技术创新网络的作用，即网络成员间通过知识共享相互借鉴、取长补短、学习对方的先进知识并实现自身的创新。针对企业创新实践需求及现有理论研究的不足，本书通过研究分裂断层对技术创新网络知识共享的影响机理，从而更有效地指导企业开展技术创新和管理技术创新网络协同模式。

1.1.2　理论背景

自 20 世纪 60 年代以来，社会网络理论受到了人们的广泛关注，国内外学者在心理学、社会学、人类学、统计学等多个领域不断深化研究，形成了一套完整的理论体系、方法和技术，成为一种重要的社会结构研究范式。在管理学中，社会网络一直是研究热点，形成了强弱联结和嵌入性理论（Granovetter，1985）、结构洞理论（Burt，1992）、强联结优势理论（Krackhardt，Stern，1988）、社会资本理论（Coleman，1988）等多种理论。

网络嵌入理论在社会网络理论发展中占据主要地位，是极具重要性的理论成果。网络嵌入分为结构嵌入性、关系嵌入性两类，这种分类方法在技术创新网络研究中得到了较为广泛的运用。Burt（1992）在对结构洞理论进行研究时，着重分析了社会网络结构嵌入性特点，并对整体网络密度带来的影响进行了重点研究。此外，学者们对网络结构中的网络位置较为关注，主要集中于中心性、结构洞方面，如党兴华和孙永磊（2013）、张华和张向前（2014）以及钱锡红等（2010）。他们的主要观点为：处于网络中心位置的企业能够对其他成员输出相关的技术，并以此来获得信任，利用这种手段提升网络成员之间的协作水平，促使创新网络知识共享目标得以达成。Granovetter（1985）指出，个体在网络节点起作用的关键就是中心性，越高的中心性意味着个体越处于接近核心位置的状态，信息资源自然被这类个体所控制，由此对其他成员产生吸引力，成员依赖必然越大；反之，网络中心性越弱，意味着成员越不具有资源优势。此外，Burt（1992）在结构洞方面的研究表明，网络成员如果处于结构洞位置，获得异质资源的能力会更强，可以反映出个体与网络中伙伴间的关系，即异质资源获取越多的个体，越易受到网络中其他伙伴的追捧。

Coleman（1988）从关系嵌入层面对社会资本理论进行了探究，基于二元关系节点进行分析，强调网络成员之间的信任度、亲密度和团结程度。Burt（1992）对关系嵌入展开了研究，结果表明，处于弱关系之中的网络成员能够分享异质的关键信息，这对技术的发展以及传递都有助力作用，能够促使技术创新目标得以达成。此外，处于强关系之中的网络成员也能够更好地联系，信任度越高，网络成员间知识共享的意愿越强，合作关系越容易受到保障，这有利于创新效率的提升。

随着研究的不断深入，社会网络分析手段从个体视角逐渐转化为组织视角，很多研究都是基于组织网络角度来探究技术创新网络与知识共享的治理效果。技术创新网络是建立在知识基础上的复杂社会网络，具有成员的资源、能力异质性，以及创新活动协同性等特点。基于技术创新网络结构视角，国内外学者重点关注技术创新网络的知识共享行为。该行为是创新主体获取资源以及解决问题的重要方式，已有成果从网络属性等层面对技术创新网络知识的相关影响进行了研究，但由于技术创新网络中创新主体多元化、复杂化的特点，导致其出现了子群、联盟等现象，创新主体更乐于与自己具有相同或相似属性的组织建立关系，形成固定的联盟。从该视角出发，研究技术创新网络中的知识共享问题，可以考虑技术创新网络成员的多样性组合特征，以此进一步探索出技术创新网络中的知识共享的影响机理。

在团队层面，已有学者关注到多样性的成员组合对团队造成的影响。

Lau 和 Murnighan（1998）对个体不同特点进行整合，在此基础之上提出了断层理论。虽然团队断层有相应的研究成果，但是大部分的研究是从个体属性角度出发的，从网络角度出发所进行的研究并不是很多。另外，一些学者倡导从社会网络角度出发进行探索。从多伙伴联盟角度进行分析，断层不利于联盟关系的维系，会引起伙伴之间的分裂，网络子群会因此出现，子群内部成员的信任度变得更高，成员间的关系越来越密切，促使知识共享目标得以达成。子群内部成员可以获得更多的知识，这为网络创新能力的提升贡献了积极力量。分裂断层理论是团队断层理论的延伸，是不断朝着群体间层面的变化和发展，阐释出分裂断层影响技术创新网络知识共享的机理，有助于提升创新主体的知识共享效率和技术创新网络的治理效果。

1.2　研究意义

1.2.1　理论意义

本书的探索是建立在对已有研究成果进行梳理以及系统调查的基础上，从分裂断层的角度对技术创新网络知识共享做出一系列分析，并对分裂断层的含义以及发挥的作用做出一定探索，运用实证分析方法得出理论检验的有效性。其理论意义包括以下三个方面：

（1）对分裂断层概念的内涵和外延进行了详细的界定，基于技术创新网络背景，分析并验证了分裂断层的维度构成。现有研究主要从群体、团队层面对分裂断层的维度构成进行分析，本书将其延伸到组织间，重新界定了分裂断层的概念，并通过理论分析与实证分析方法，得出分裂断层的维度构成包括属性层和关系层。本书在分裂断层的概念界定、维度构成及应用实践方面，较现有的研究有所深入，为后续探究分裂断层对技术创新网络知识共享的影响提供了分析依据。

（2）系统地剖析并检验了组织学习对分裂断层与技术创新网络知识共享关系的中介作用。现有关于组织学习的研究主要从企业自身的双元性学习或学习范围进行分析，较少考虑到群体层面的双元型和学习范围。本书借鉴已有的组织学习理论，将学习范围（群体内、群体外）和双元学习（探索式学习、利用式学习）进行结合，深入分析群体内探索式学习和利用式学习、群体外探索式学习和利用式学习在分裂断层与技术创新网络知识共享关系之间的作用，深化了对技术创新网络知识共享形成机制的理解，为技术创新网络中企业探究知识共享活动机理、把握关键路径作用提供了理论依据。

（3）分析并揭示了网络权力作为影响分裂断层的关键情境因素，对知识共享效率和效果产生了重要影响。现有研究虽然已发现网络权力具有治理作用，但对如何发挥其治理效果的研究，尤其是在技术创新网络分裂断层的治理作用方面还比较缺乏。本书揭示了网络权力对技术创新网络知识共享的作用机理，深化了关于分裂断层作用情境的认识，为提升网络成员稳定、协同创新和知识共享等方面提供了决策支持。

1.2.2　现实意义

现实意义主要包含以下两个方面：

（1）实证检验了技术创新网络中分裂断层的主要影响以及发挥作用的方式，能够有效指导企业提高在技术创新网络中知识共享的效率和企业的知识共享意愿，从理论上更好地指导技术创新网络中知识共享的实践。

（2）揭示了技术创新网络中分裂断层发挥作用的机理，对组织学习的中介作用以及网络权力的调节作用进行了分析，并将其应用于企业管理实践，能帮助管理者科学地决策，合理利用分裂断层的积极效应，抑制分裂断层的消极效应，增进技术创新网络中的知识共享程度，促进企业创新能力的提升。

1.3　研究内容与方法

1.3.1　研究内容

首先，本书系统地梳理了国内外有关技术创新网络分裂断层、知识共享和组织学习的文献，通过综述前人的研究成果，发现现有研究中存在的不足。其次，剖析相关概念的内涵，包括技术创新网络中的分裂断层、知识共享和组织学习，对技术创新网络中分裂断层的定义、具体维度，组织学习的具体内涵，以及知识共享的具体内涵作出界定。再次，从理论视角，分析技术创新网络中的分裂断层对该类型网络知识共享的行为影响，分析组织学习的中介作用和网络权力的调节作用，进而提出相关的研究假设；在完成以上工作的基础上，针对提出的研究假设，围绕拟研究的问题开展调查问卷设计，选取符合技术创新网络特征的企业开展实地调查研究，收集本书所需的相关数据，对数据采用多元回归分析方法进行实证检验。最后，对本书的相关研究结论进行归纳，提出本书的创新点，分析尚且存在的不足，并展望尚待深化的相关研究领域。综合而言，本书的研究内容主要由以下四个部分组成：

（1）国内外已有文献中与本书主题有关的理论。

1）梳理国内外已有文献中与技术创新网络分裂断层的概念内涵和维度构成、分裂断层对技术创新网络的影响及治理等领域相关的研究进展。

2）对目前文献中有关技术创新网络知识共享的内涵、影响因素等方面的研究做出整合。

3）整理已有文献中有关组织学习的定义以及组织学习影响知识共享的研究。

4）总结已有文献中与网络权力意义以及影响相关的知识共享理论。

5）找出已有文献中的不足和需要解决的问题，进而确定研究目标，提出本书的结构。

（2）对分裂断层以及网络权力等概念的相关探索。

1）从团队角度以及组织层面角度对断层的含义进行探索，结合技术创新网络特征对分裂断层的含义做出一定论述，并依据已有研究中的相关结论对分裂断层的维度做出具体衡量。

2）对组织学习的意义以及成果进行相应借鉴，结合本书的研究情境，从探索式学习和利用式学习两个角度对组织学习做出分析，明确研究中组织学习的具体意义。

3）关于技术创新网络知识共享的含义，对目前的探索与组织内部知识共享做出比较，明确技术创新的特点，对网络知识共享的全过程做出相关分析，对网络中知识共享的方式进行考量，明晰本书研究中技术创新网络知识共享的含义。

4）关于网络权力的内涵，主要是借鉴国内外网络权力的已有研究，从网络权力在网络中的形成入手，进而分析其在网络中的普遍性存在和影响力，区分网络权力拥有者的资源和能力特征，以及网络权力对于网络中知识活动的必然影响，最终确定本书中网络权力的含义。

（3）分裂断层对技术创新网络知识共享的理论探索。

1）基于以上几个概念，建立技术创新网络中的分裂断层与知识共享的概念模型；结合前文对分裂断层维度的科学划分，加之对不同企业特征做出的详细阐释，明晰知识共享的含义，从理论角度分析技术创新网络中分裂断层和知识共享间的联系，根据梳理的结果提出相应的研究假设。

2）依据社会资本、信息资源等相关理论，加入组织学习的内涵，阐述分裂断层对不同学习手段、方式的意义和作用，从理论角度明晰组织学习怎样才能在分裂断层和技术创新网络知识共享间起到中介作用，并提出相应的研究假设。

3）根据网络权力具体内涵的界定和分类，解释网络权力对关系治理的作用及其对企业行为的影响，从理论角度分析结构权力、知识权力在技术创新网络分裂断层与知识共享间发挥调节作用，进而提出相应的研究假设。

（4）实证分析。

1）研究设计。在已有研究的基础上对分裂断层以及网络权力等变量的测量问卷进行合理设计，设置多维度衡量变量，优化已有的调查问卷，构成本书的研究问卷，并对问卷进行信度、效度检验。除此之外，还利用实地调查方式获取有利数据，并运用描述性统计方式对样本做出探究。

2）实证方法与结果讨论。运用多元回归等方法找出技术创新网络中分裂断层与知识共享间的联系，衡量组织学习（中介作用以及网络权力）的调节效果，最后得出相关结论并进行探讨，分析其中的不足并做出解释。

1.3.2 研究方法

本书采用实证研究范式，在研究过程中运用了以下方法：

（1）文献研究法。借助中国知网期刊全文数据库、Elsevier、EBSCO、Google 学术等数据库与期刊资料，回顾了分裂断层、组织学习、知识共享及网络权力等领域的研究成果。通过相关研究评述，指出现有研究的不足，进而明确本书研究的切入点，明晰本书研究问题之间的关系以及研究逻辑。通过文献研究，构建分裂断层对技术创新网络知识共享的影响机理概念模型。

（2）实地调研法以及问卷调查法。在调研的基础上，识别分裂断层，进而依据优化测度技术对技术创新网络分裂断层以及知识共享的影响，并对组织学习中介效应等进行细致的分析。

（3）实证研究法。基于构建的理论模型，通过大样本的数据收集，借助计算机统计软件，对样本数据进行初步分析和质量检验（如描述性统计及信度、效度检验）。随后，运用回归分析方法，对提出的模型进行实证检验。具体而言，实证分裂断层对技术创新网络知识共享的直接影响，分裂断层、组织学习和技术创新网络知识共享之间的影响关系，以及群体内、群体间双元学习在其中发挥的中介作用；知识权力和结构权力在分裂断层与技术创新网络知识共享关系中的调节作用。

1.4 本书的结构安排

在认真梳理研究文献的基础上，依据研究主题构建文章框架。本书共包含七章，具体如下：

第1章是绪论。首先，对本书的现实背景、理论背景进行阐述；其次，针对现有研究不足及企业实践需求，明晰本书的研究意义；最后，确定本书的研究内容与方法、结构安排。

第2章是相关理论与研究综述。围绕研究主题，对国内外相关研究文献进行回顾、分析与总结。对分裂断层、组织学习、知识共享、网络权力等的相关研究进展进行梳理分析，从而为后续理论模型的构建与研究假设的提出奠定理论基础。

第3章是概念模型与研究假设。在对以往文献进行梳理的基础上，结合分裂断层、组织学习、知识共享、网络权力等理论，构建本书的概念模型，进行概念界定，并提出研究假设。

第4章是研究方法。首先是对测量变量、调查问卷进行设计，其次是对本书使用的统计分析方法进行简单介绍。

第5章是实证分析。本章对第3章提出的概念模型进行检验。首先，运用结构方程模型，实证分析分裂断层、组织学习对技术创新网络中群体内、群体间知识共享的直接影响；其次，运用结构方程模型和多元回归分析方法，实证检验群体内、群体间的双元学习在分裂断层与知识共享关系中发挥的中介作用；最后，运用多元回归分析方法，分别检验网络知识权力和网络结构权力在分裂断层与知识共享关系中发挥的调节作用。

第6章是结果讨论，对第5章的研究结果进行讨论。

第7章是结论与展望。根据数据分析、结果讨论，归纳总结本书的主要研究结论，提炼创新点，并指出研究中的不足之处以及未来的研究方向。

本书的研究框架如图1-2所示。

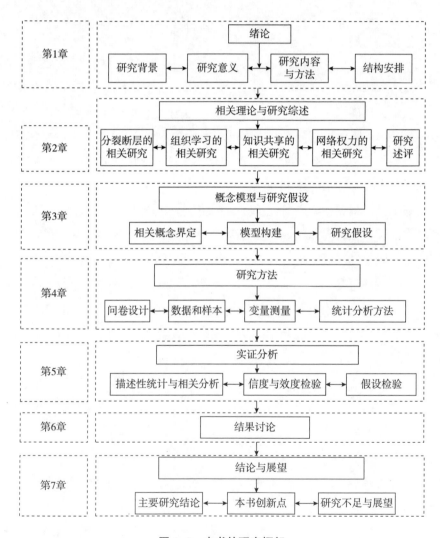

图1-2　本书的研究框架

❷

相关理论与研究综述

2.1 分裂断层的相关研究

2.1.1 分裂断层的内涵

组织应对经济及技术挑战的主要核心是群体或团队。成员多样性对个体以及组织能够产生非常大的影响，因此，对群体/团队的多样性进行管理也是组织所要面对的重大课题。断层（Faultlines）理论是在群体/团队多样性探索过程中发展起来的，主要对个体成员的人口属性特点进行分析与探索，找出其引发的断层现象（Lau，Murnighan，1998）。近年来，断层理论范围渐渐得到扩展，延伸至组织间层面，除关注多样性外，还关注了其他因素，如关注企业间强度分布对分裂断层现象的影响（Lawrence，Zyphur，2011；Heidl et al.，2014；Zhang et al.，2017）。

2.1.1.1 个体间群体层面的分裂断层

Lau 和 Murnighan（1998）把断层的概念引入群体多样性研究之中，在他们看来，断层是根据相关属性来对群体进行划分的假定分界线，可以将群体分成两个或者更多的子群。之后，学者对这个概念进行了借鉴与运用，对多样性引起的断层及其对群体动态产生的相关影响做出了仔细探索。在断层理论看来，相似性能够促使个体间获得相关的社会认同，促使个体选择与自身较为相似的成员进行联盟（Perry-Smith，Shalley，2014），提升子群的凝聚力（Lau，Murnighan，2005），产生相应的子群问题。而这个问题正是断层研究的主要问题，断层将群体分为不同的内部同质，使群内的成员对同群中的成员信任度变得更高（Thatcher，Patel，2011）。传统断层属于先验概念，也就是潜在断层，主要是因为成员较为多样而引发的固有属性（Ren et al.，2015）。对不同的个体成员属性进行观察与分析能够看出，这些性别以及年龄等相同的个体，更可能会凝聚在一起，形成子群。属性相同使他们的生活经历等都比较相似，这会帮助他们建立起更强的凝聚力，提升彼此间的认同感（Lau，Murnighan，2005）。属性的数量以及聚合程度能够对断层强度起到决定性作用（Ndofor et al.，2015）。如果个体的属性聚合度更高，那么相似的属性就会更多，断层强度也会更高。Gibson 和 Vermeulen（2003）对断层概念以及多样性差别进行了分析与解释，他们通过实例分析找出异质性以及断层间的区别，虽然不同团队异质性相同，但是其断层强度不同。

"虚拟分界线"以及"属性聚合"更倾向于形式化的含义（Lawrence，Zyphur，2011），这来源于地质学的地质断层带。断层带属于地壳破裂口，如果不受到外力的影响，其能够长时间休眠。而地震产生的原因是地壳沿着断层进行运动。群体断层与地质断层较为相似，群体成员的很多属性都与地壳结构比较相似。如果群体断层没有受到外力的影响，那么其不容易被发现，只有比较强烈的群体断层才会导致群体的分裂，这些特点都能够表明群体成员属性分层具有重要意义。产生断层的一个非常重要的原因是个体属性的聚合，其聚合程度能体现断层的清晰程度。聚合程度越高，断层也就越强，边界也就越清晰，而子群间的相似属性就会越少。在对群体与组织进行探索时，学者没有深入分析与理解断层的含义，只是把能够引起断层的因素进行了扩展，这些因素不仅集中在个体人口属性之中，还扩展到知识以及信息范围中（Thatcher，Patel，2012）。

子群是断层理论中的核心概念。子群成员之间一种或多种属性的聚合使他们在子群内部凝聚，并经常与子群内部成员分享经验，而较少与子群外部成员分享经验，这可能导致不同群体之间的冲突或纠纷（Gibson，Vermeulen，2003）。一些研究与探索会把断层与子群作为并发概念去分析，没有对两者之间的不同之处做出细致的分析，认为子群是断层的结果在形式中的体现。另一些研究则从断层的动态过程考虑，认为有必要讨论断层与子群之间的联系，即断层是否确实导致子群形成。从这个角度发展出两种断层概念：休眠断层和活跃断层。休眠断层是指基于人口属性特征的潜在断层，活跃断层则是指成员能够实际感觉到基于人口特征的子群（Jehn，Bezrukova，2010）。相关研究表明，休眠断层和活跃断层是高度相关的（Zanutto et al.，2011）。断层触发（Trigger）行为或条件可以将休眠断层激活为活跃断层（Rink，Jehn，2010）。可以看出，断层的动态过程实际上是由潜在断层激活为活跃断层的过程，表现在形式上就是子群的显性化呈现过程。相对于休眠断层，活跃断层的研究较少，相关的实证研究极度匮乏。关于休眠断层是否会发展成或如何发展成活跃断层，以及休眠断层与子群间是否存在真实联系还需要进一步探索。

2.1.1.2 组织间群体层面的分裂断层

随着网络组织研究的兴起，学者开始关注组织间层面断层的分析。但是，除对团队或个体间群体层面的分裂断层研究较为成熟外，从联盟角度或组织间群体层面角度所进行的分析还比较匮乏，相关研究处于初级阶段。

Thatcher 和 Patel（2012）对断层相关概念进行了一系列分析与论述，在对各种理论进行总结后，提倡从联盟以及社会网络层面来对断层相应分析。Heidl 等（2014）对断层分析进行了扩展，把群体断层分析扩展到企业群体方面，站在关系嵌入层面对多边联盟分裂断层做出相应探究。在这项研究看来，分裂断层从根本上讲是由企业间共享经验不同所引起的，而这些经验既能够达到间接共享，也能够借助历史交互来实现直接共享。企业自身具备一定的发展信任能力以及凝聚关系能力。如果不同企业间二元关系强度不同，那么整体网络就会分裂成很多派系，一直到消散为止。这项探索运用到了分裂断层的定义，但是并没有关注到成员属性的多样性，只是站在企业间关系强度不同的角度来对断层的产生做出一系列分析，以找出分裂断层以及网络消散带来的各类影响。在 Zhang 等（2017）看来，风险投资网络中也包含分裂断层风险，并从企业群体角度分析了风险投资网络形成的原因。这项研究认为，分裂断层会对风险投资网络产生不好的影响，关系密度可以为企业间沟通构建桥梁与渠道，进而构建起相应的共同理解，提升信任度，减少分裂断层的消极作用。多边联盟具有相应的网络特点（Rosenkopf，Padula，2008；Gulati et al.，2012）。在这个基础上，成泷等（2017）、党兴华等（2016）从不同视角对分裂断层理论进行了扩展，具体视角包括网络多样性视角以及网络嵌入性视角。在他们看来，这种倾向能够产生是因为节点属性具有多样性，组织间关系具有多元性。分裂断层的意义是个体间群体朝着组织间群体不断扩展的结果。例如，团队断层所引发的子群现象，分裂断层也会引起"群体内"与"群体外"间的子群问题。

2.1.2　分裂断层的分类

较早的关于分裂断层分类的探索主要从成员属性多样性角度进行分析。Lau 和 Murnighan（1998）以表面人口为主要基础对分裂断层进行分类，提出了社会分裂断层概念（Social Category Faultlines）。Thatcher 和 Patel（2011）也着重探索了分裂断层，在他们看来，社会分裂断层主要包含不同的人口特性，如人口的性别以及人口种族等不同组合。Lau 和 Murnighan（2005）、Rico 等（2007）也对人口统计特点多样性展开了深入的分析。Shaw（2004）对前人研究进行了总结与概括，并进行了新的探索，断层不仅受到人口统计特点的影响，还具有人口属性特点，如工作经历以及教育经历等，这些特点会对成员产生非常大的影响，使成员在对任务进行处理时产生不同的理解能力，进而使人物处理任务存在相应差距，形成信息加工断层（Information-Based Faultlines）。Choi 等（2010）也进行了相应的探索，将人口属性特点结合起来，对断层进行重新分类，具体分为两类：一类是关系导向型断层，另一类是任务相关型断层，这两个维度会对关系冲突以及任务产生一定的影响。Hutzschenreuter 和 Horstkotte（2013）的相关探索也对断层做出划分，具体分为人口属性断层以及任务相关断层。

除此之外，很多学者着重分析了断层的表现以及状态，将其分为潜在断层（Potential Faultlines）和激活断层（Activated Faultlines）两类，对这类断层进行判断的主要依据是群体内有没有形成较为明显的子群，并且潜在断层能够得到激化而形成激活断层（Bezrukova et al.，2009）。Jehn 和 Bezrukova（2010）将断层分为休眠断层（Dormant Faultlines）和活跃断层，他们认为活跃断层是团队成员可以感应到以人口属性为基础的子群。Van Der Kamp 等（2012）基于断层分类提出了断层活化的概念，将断层活化定义为团队成员对子群进行感知的过程。除此之外，他们还在其他研究中分析了断层活化与钝化，提出冲突与分歧能够形成子群，促使断层活化，提高断层强度（Van Der Kamp et al.，2011）。以上两个动态能够加深对断层的理解，帮助学者们更好地探索断层对团队的效应。

Harrison 和 Klein（2007）通过分析群体特点以及对群体进行的划分，指出了断层的分类。在他们的探索中，断层被分为三种类型：一是分离型断层；二是多元型断层；三是距离型断层。分离型断层表示横向的不同之处，如成员的意见或者位置不同；多元型断层表示断层间的差异，这种差异是较为分散的，也没有规律性，如成员所拥有的信息是不尽相同的，知识与经验也存在很大差异性，成员的特点较为分散；距离型断层主要表示纵向差异，如工资以及资源价值等的差距，一般情况下对成员嵌入的网络纵向结构特点较为关注。Carton 和 Cunmmings（2012）也得出了与以上结论较为相似的研究成果。在他们看来，子群形成受到断层的影响，如 Ren 等（2015）借助多元化等思想提出了联合断层的概念，对群体分散性等差距进行分析，形成了分离以及多元化等断层，并对其进行具体化，这类联合断层会对群体以及网络产生更大的影响。

目前有关分裂断层的研究大多是从网络嵌入理论入手展开分析，将技术创新网络的结构特点结合起来，并对网络中一些行为进行考量，如联盟行为等。党兴华等（2016）基于网络嵌入理论，对技术创新分裂断层的影响进行研究，将技术创新分裂断层划分为两类：前期关系嵌入性分裂断层和多重关系嵌入性分裂断层。前者产生的原因为受到企业合作经验的影响而产生的相关规范能够提高企业间的信任程度，提升凝聚力，促使子群得以形成，从而产生前期关系嵌入性分裂断层。而后者产生的原因是成员间存在多种关系，局部成员间的关系非常密切，促使子群得以形成，从而产生多重关系嵌入性分裂断层。由此，一种全新的视角开始出现，即基于已有的关系嵌入性分裂断层相关研究，探索分裂断层的基础与分类，使关系嵌入性分裂断层的相关研究得以扩展，并将嵌入性分裂断层中的结构型与位置型的分裂断层的内涵和治理纳入新的研究。

从以上分析能够看出，断层分类探索主要从以下几个方面入手，如表2-1所示。

表2-1 断层的分类

划分依据	断层的类型	引用的实证文献
人口统计特征多样性	社会分类断层（关系导向型断层、人口属性断层）	Lau 和 Murnighan（1998）；Thatcher（2011）；Lau（2005）；Rico 等（2007）；Shaw（2004）；Choi（2009）；Thomas 和 Julian（2013）
	信息加工断层（任务相关断层）	
断层的表现状态	潜在断层（休眠断层、断层钝化）	Lau 和 Murnighan（1998）；Jehn 等（2010）；R Ahmad（2014）；Van Der Kamp 等（2012）
	激活断层（感知断层、断层活化）	
群体特征多样性	基于分离的断层	David 和 Katherine（2007）；Carton 和 Cunmmings（2012）；Hong Ren（2014）
	基于距离的断层	
	基于多元化的断层	
嵌入性理论	前期关系嵌入性断层	党兴华等（2016）
	多重关系嵌入性断层	

资料来源：笔者依据相关文献整理。

经过 20 多年的分析与探索，断层研究取得了丰硕的成果，但是从目前来看，研究主要还是从团队以及组织的角度出发。虽然很多学者对断层理论进行了扩展，将其扩展到组织间层面，但是相关的研究成果还不多见。

2.1.3 分裂断层的作用

继 Lau 和 Murnighan（1998）发表具有开创意义的论文后，多数关于分裂断层的研究纷纷展开，团队断层对团队过程和产出的影响就是其中一个方面。断层的存在导致团队冲突或信任发生。尽管目前多数断层研究集中于多样性和团队方面，但 Thatcher 和 Patel（2012）指出有关断层的研究将扩展到权力，联盟，子群，社交网络，子群间行为、冲突、学习及决策等领域。多数学者基于冲突或信任角度，探究网络组织分裂断层对网络的积极效应和消极效应。

2.1.3.1 分裂断层的消极效应

Lau 和 Murnighan（1998）在提出断层的概念时认为，断层具有消极效用，较为明显的断层会促使团队内部分为不同类别，这很可能会导致权力争夺，产生不佳的团队绩效。然而，冲突以及信任能够较好地反映团队运作进程，是非常重要的指标。Marks 等（2001）对冲突因素非常关注，认为它是团队互动必不可少的维度，团队成员共享信息的主动性会受到冲突的影响而逐渐变弱，进而引起沟通问题，不利于团队良好沟通。Cronin 等（2011）经过一系列探索发现，子群形成程度与情感整合间存在一定的关联，这不利于成员间关系质量的提升，双方的信任程度会渐渐变低。Polzer 等（2006）对地理多样化特点进行了仔细探索，发现分散或是虚拟的团队成员因地理位置不同会导致内部出现各种分化，发生冲突的可能性更大，成员间相互信任程度较低。在 Choi 和 SY（2010）看来，关系导向断层与关系冲突间联系较为密切，任务相关断层会直接对任务冲突产生影响。Thatcher 和

Patel（2011）认为断层对团队是有害的，其已形成导致团队内部冲突的理论化体系，并被证明对团队绩效产生负面影响。Molleman（2005）对不同类型的断层以及团队凝聚力做了分析与探究，找出它们之间的联系，认为人口特征断层不利于团队较好地持续协作，而深层断层不会对团队凝聚力产生过大的影响。在他看来，之所以产生这样的结果，是由于人口特征断层等更容易被看出，其在很大程度上会引起社会分类，个性特质断层则需要成员进行互相交往才能够发挥出自身的力量。Lau 和 Murnighan（2005）认为，团队同团队外非生产性的交互和消极偏见最终将阻碍有价值的知识流动和交换。Li 和 Hambrick（2005）在对合资企业高管团队做出一系列实际分析后指出，社会分类断层强度会对关系冲突以及任务冲突造成影响，认为断层导致过程损失。Heidl 等（2014）发现，团队中的断层现象同样存在于联盟组织中，以前对多方联盟稳定性的实证研究已得到大多数学者的认同，但联盟中分裂断层的存在，导致联盟伙伴间强关系和弱关系形成子群的现象，进而出现派系，阻碍互惠伙伴之间的合作。网络中的分裂断层往往会导致网络中分化出社群或子群，对网络结构、知识共享、知识创造、网络绩效等方面产生不同的影响。

2.1.3.2　分裂断层的积极效应

Marks 等（2001）认为，信任是团队过程投入与产出中呈现的自然现象。在信任情境下，由断层形成的子团队具有一定的共性，能够共享彼此的任务背景。Lim 等（2013）指出，在信任条件下，子团队不需要对从属关系以及圈内外关系等进行考量，只需要将团队整体任务作为核心对问题进行考察。断层理论认为成员交互模式表现为同质性特征，Reagans 和 Zuckerman（2001）认为，这些构成差异对团队内的真实网络结构，能够起到很大的代理作用。尽管团队组成结构会驱动网络联结的发展，但有些时候同质性并不能在组织中发挥首要作用。Thatcher 等（2003）对断层以及团队冲突与绩效间联系进行了检验，研究结果表明，断层能够在很大程度上减少团队之间的矛盾，提升团队间的凝聚力，促使团队的绩效得到大幅提升。但是这个结果与当初的假设是不同的，在他们看来，在断层较为明显的团队之中，子群间的联系会变少，冲突也会随之变少。他们进一步研究发现，团队断层与团队绩效呈现出倒"U"形关系，也就是说，断层强度较为合理的团队内部的冲突是最少的，团队的绩效也是最可观的。Homan 等（2008）通过探索发现，经验开放程度较高的团队能够合理利用断层中的资源，提高信息加工的效率。在 Homan 等（2007）看来，如果团队成员认同团队多样性价值，那么团队断层就会对团队绩效产生积极影响。Hart 和 Van Vugt（2006）认为，多元化断层能够借助信息加工的手段来促使群体绩效提升。Gibson 和 Vermeulen（2003）对与断层较为相似的一个概念做出分析与探究，并提出合理的子群强度有助于团队学习行为。如果子群强度非常高，那么群体内部的结构就会发生变化，呈现两极分化的架构：子群间的沟通频率不断下降，子群内部对外部观点的接纳程度以及开放程度都会变低；对自身所属子群的观点更加侧重，不利于团队学习的进展。然而，适当强度的断层有助于提高群体成员间的开放程度，如对共享知识的发展进行探讨等，这些活动都对团队学习十分有利。Lau 和 Murnighan（2005）借助实验方式对断层做出解释。他们认为，断层可以促使子群的内部信息和观点互相交流，对团队内部学习行为的强化非常有利。Bezrukova 等（2009）认为断层导致更多的创造力。

2.1.3.3 分裂断层发挥作用的条件和路径

对以上文献进行分析不难发现，很多学者都认为断层会带来不利影响，只有少部分学者认为断层会带来有利影响。为了解决效应问题，除了采取直接作用手段，还可以采取断层群体运行关系作为调节手段，这也是断层研究需要关注的重点问题。因此，学者从个体特点以及群体特点出发进行探索。Meyer 等（2016）认为，个体层面对断层的反应会出现差异性，成员不同，反应自然也会不同，这与子群的规模以及自身的社交能力有关。如果子群的规模比较大，个体的社交能力又不是非常强，那么断层的消极影响就会非常大。在 Bezrukova 等（2016）看来，断层对绩效的消极影响与组织的调节作用存在密切的联系，组织内部冲突关系使消极影响越来越大，组织外部的相关冲突关系则使这种消极影响有所下降。Meyer 等（2015）认为，断层会对个体绩效产生影响与子群内部变化存在一定的联系，如果子群内部存在领导者，那么断层的消极影响就会有所下降，但是如果子群内部没有领导者，那么在产生组织危机的情况下，断层的消极影响会急剧增大。Homan 等（2007）认为，信息多样性特点越明显，社会认同感就会越高，这也有助于断层消极作用的减少。Ren 等（2015）对多样性以及断层理论进行分析与探究，对非正式网络关系的调节作用做出详细梳理，找出其与断层间的联系，如果子群间的关系较为友好，群体绩效就会有所提升；如果群体间的关系不是很好，群体绩效就会降低。Van Knippenberg 等（2011）认为，如果群体中有共同的目标，那么断层对群体绩效产生的消极影响会相对变低。除此之外，学者们还从其他方面对断层的调节作用进行了分析与探索，包括社会信息交换、文化差异方面等（Thatcher，Patel，2012）。

此外，还有一部分学者运用断层作用识别手段来对断层作用做出解释。例如，Ellis 等（2013）对断层与群体绩效间关系进行分析，找出群体绩效不对称的种种影响，如成员感知惰化水平的提升使绩效有所下降，而断层会提高成员的反思能力，使创造性绩效得到提升。Rupert 等（2016）认为，信息断层导致的子群能够提升团队成员交互记忆的能力，这有助于团队学习有效性的提升，也有助于学习效果的完善。Crucke 和 Knockaert（2016）认为，董事会凭借制定相关战略的手段来促使服务作用得以发挥，断层会引起董事会任务的矛盾，使董事会的服务绩效有所下降，对服务绩效产生不好的作用。但是，明确的组织目标能够很大程度上减少这种不利影响。从分类加工模型角度进行分析，断层会引起不同的群体偏好。在这样的基础之上，Spoelma 和 Ellis（2017）通过探索得出结论，身份断层会使团队成员自身安全感有所降低，这非常不利于团队凝聚力的发展，使团队创造能力直线下降。信息断层会引起一定的地位冲突，这对团队决策的实施也是十分不利的。当威胁被涵盖在情境变量之中时，这能够有效防止身份断层消极作用的产生与发挥，但是会提升信息断层的消极作用。从总体角度进行分析，断层产生作用的条件是当前研究关注的重点，对断层作用路径进行研究的学者并不是非常多。

2.2 组织学习的相关研究

2.2.1 组织学习的内涵

组织学习概念的提出可以追溯到 1958 年，March 和 Simon（2009）把组织学习界定为组织对外部环境的适应。美国学者 Cangelosi 和 Dill（1965）发表的 *Organizational Learning：Observations Toward a Theory* 一文梳理了组织学习的各种成果，流传时间比较长，对学者开展组织学习的研究起到了重要的推动作用。1990 年，彼得·圣吉出版的《第五项修炼：学习型组织的艺术实践》对组织学习做出系统论述，增添了新的观点，并将其上升到哲学高度。Argyris 和 Schön（1998）也做了一系列探索，他们的探索促使组织学习更好地向前发展与进步。在他们看来，组织学习能够获取较多优势，有利于创新发展。组织学习能力较好的企业在创新过程中更可能会成功。之后，研究者进行了种种理论分析以及实际探索，这帮助组织学习理论朝着更好的方向迈进。Argote（1999）为组织学习领域建立了新的标准，提供了新的理论架构。这个架构不仅能够对组织学习做出较好的分析，还有助于探索组织环境对学习过程的影响，通过发现其影响机制，分析其对学习结果的影响。截至目前，组织学习依然是西方学术界以及美国企业界热门和活跃的研究领域。

组织规则的观点认为，组织学习是组织规则的经验生产和复制，并将导致行为稳定或行为变化（Holmqvist，2004）。因为组织规则反映了以前的经验学习，所以学习不是随机或盲目的，而是有针对性的。创新系统的观点认为，学习是一个互动过程，即社会嵌入过程，并主要在相互作用的行动者网络中发生（Malhotra et al.，2019）。组织学习是指组织将自身或者其他组织的经验、知识进行编码的过程，基于这一过程，企业能够利用知识并指导组织开展日常活动。组织学习是企业知识共享的影响因素，来自创新的压力推动企业开展组织学习。组织学习能够使组织成员获得新的知识，对自身行为进行调节，使其变得更加得体，同时也是帮助组织创新的重要手段。这能够帮助成员更好地应对不断变换的内部环境与外部环境。Penrose（1959）的《企业成长理论》一文，以企业发展以及变化为基础。虽然 Penrose 在资源理论以及路径方面取得了一定的成果，但是其理论并没有得到关注（Jones，Khanna，2006）。很多学者从历史层面进行分析，主要探索都是对企业年龄进行控制，对历史的内在含义并不是非常注重。Sørensen 和 Stuart（2000）对组织老化与创新之间的联系有一定见解，指出了组织年龄对创新效率有较积极的影响。企业的组织年龄不断变大，企业的创新水平也就越来越高，这为创新效率的提升提供了契机。从资源基础层面进行分析，组织学习是知识积累的重要手段，也是衡量新企业能否运转下去的重要因素。企业必须不断提升自身组织学习能力，提升学习效率，完善对企业环境的认识。企业在组织学习方面越占优势，其适应性就越强，竞争水平就越高，对组织绩效的影响也就越大。除此之外，组织学习对企业创新来说意义非凡，既是企业创新的必由之路，也是企业创新的重要手段，企业需要借助组织学习才能够实现发展的目标。

2.2.2　组织学习的分类

根据不同的划分标准，组织学习可以分成多种类型，其中使用最广泛的是根据组织的双元性将组织学习划分为探索式学习与利用式学习。此外，一些学者也根据学习范围将组织学习划分为内部学习与外部学习。

2.2.2.1 组织学习的双元性：探索式学习与利用式学习

March（1991）从创新角度出发进行了一系列探索，指出要对利用式学习手段以及探索式学习方法进行运用，从适应性过程讨论了探索式学习与利用式学习之间的关系，认为两者的平衡是组织生存和发展的主要因素。此后，关于组织双元性的研究受到学者们的普遍关注。学者们从多个角度研究了探索与利用这双元属性。例如，从知识搜寻角度，利用包括建立在企业现有技术能力上的本地搜寻，探索则涉及对新技术能力的更遥远的搜寻。技术合作伙伴可以通过将焦点公司与感兴趣的技术来源联系起来，以便促进探索式学习。因此，联盟伙伴扮演着雷达的角色，可以发现新的技术机会，共同促进焦点公司和潜在有趣的新技术来源之间的联系（Benner，Tushman，2002）。Crossan 等（1999）对探索式学习以及利用式学习进行了仔细梳理与分析，将这两方面看成信息与知识的流动进程。利用式学习的意义是知识等的流动，其从组织层面不断朝着个体层面流动，既是对信息或者知识的运用，也是知识的转化进程，把组织知识转变为个体知识，进而渐渐地转变到个体行为的进程。探索式学习指的是信息或者知识在个体与集体之间的流动，属于对知识进行探索的进程，是把个体所具备的知识或者行为整合到一起的活动，进而渐渐上升为组织层次。从创新战略角度来看，利用式创新不断构建起更加完善的流程以及结构，主要目标是对产品市场进行改造；探索式创新则基于新的知识或对现有知识的背离，以满足新兴客户或市场的需求，旨在进入新产品市场（He，Wong，2004）。Jansen 等（2006）将探索定义为对新知识的探索，是指与新技术的发明有关的一切活动，包括技术的渐进式进步，而利用是指过去的知识被视为促进僵化，导致短视，阻碍学习和适应。利用式创新在不改变技术轨迹本质的情况下改进和深化了现有的知识库，而探索式创新推动了新的和不同的技术轨迹产生，需要重新组合多样性和新颖性的信息（Phelps，2010）。Yan 和 Guan（2018）从定义、信息需求和知识要求等方面比较了探索式创新和利用式创新，如表 2-2 所示。

表 2-2　探索式创新与利用式创新的比较

	探索式创新	利用式创新
定义	探索式创新产生新的和不同的技术轨迹的过程，需要重组多样性和新颖性信息	利用式创新是一个搜寻过程，在不改变技术轨迹本质的情况下改进和深化了现有的知识库
信息需求	探索式创新需要通过重组多样性、新颖性信息来展开积极探索	利用式创新依赖于更可靠、更具体、更有效的信息
知识要求	探索式创新要求脱离现有知识或开发新知识	利用式创新需要对现有知识和技能进行强化、拓展和深入理解
创新结果	探索式创新的结果具有风险和不确定性。过多的不熟悉甚至无用的见解会导致问题解决的低效和成员协调的困难	利用式创新的结果是确定的、无风险的。熟悉和已知的技能将提高解决问题的效率，减少创新产生的风险
搜寻	探索式创新活动的特点是长期地、不断地、广泛地寻找新的机会和新颖的组合	利用式创新活动的特点是对现有规则、惯例和规范进行局部和深入的探索

资料来源：Yan 和 Guan（2018）。

　　March（1991）将探索活动定义为那些被诸如冒险、游戏以及创新等捕获的事物，而开发则包括改进、选择、生产、效率、实施执行等事物。探索式学习的轨迹和实现回报的轨迹在时间和空间上的距离通常大于利用式学习，不确定性也是如此。在解释探究式学习时，跨越集群边界的联系是必不可少的。因此，跨越边界的探索式学习应该在组织间联系的小世界特性的背景下进行分析，其中跨越集群边界的联系起着至关重要的作用（Uzzi，Spiro，2005）。随后，Levinthal 和 March（1993）把探索定义为对知识的追求，对可能会被人知道的事物的追求，把利用定义为对已知事物的利用和发展。Arranz 和 De Fernandez（2013）认为，探索包括创新、基础研究、发明和新业务等。Rothaermel 和 Deeds（2004）认为，很多企业会同时从事探索与利用活动，探索关注研发过程中的研究，一旦通过探索获得了有价值的知识和技能，企业就会转向利用活动。因此，如果没有事先探索，利用就不可能发生。在进行探索活动的情况下，创新网络的主要结构特征是稀疏连接和多样化，这有助于获取一系列信息，增加企业知识库的多样性。相比之下，利用活动与标准化、程序化、降低系统成本，提高使用的资本和资产的生产率，以及改进现有的能力和技术有关，它集中在R&D过程的发展部分（Gilsing et al.，2008）。Rothaermel 和 Deeds（2004）认为，探索和利用是相互联系、相互依存的：探索会发展为利用，利用会产生探索；探索随着利用过程而结束，利用则随着产品上市而结束。在利用活动中，创新网络的结构特征是紧密结合的网络，这有利于合作、共享和获取资源，所有这些都加强了企业的知识基础（Bjorvatn，Wald，2018）。与探索活动相比，利用活动具有更低的异质性、更大的凝聚力和网络集中度，并且组成核心和外围节点的合作伙伴之间存在不同程度的凝聚力（Arranz et al.，2019）。

2.2.2.2 组织学习的范围：内部学习与外部学习

一些学者从组织内与组织外，或群体内与群体外对组织学习进行了划分。例如，陈国权和刘薇（2017）从学习范围和知识来源将组织学习分为内部学习与外部学习，外部学习指企业通过与其他组织进行跨边界合作获取外部资源和知识，并在组织内进行传播；内部学习指企业通过自身内部的资源和能力，加强组织内部沟通与交流，并在组织内产生和分享新知识。外部学习提供了异质性的信息和资源，能够扩大企业知识库，识别新的技术机会与威胁，打破企业原有的技术边界。内部学习能够改善企业自身产品和工作流程，提升整体创新水平。Wong（2004）从过程视角将群体学习划分为本地学习与远程学习，本地学习被定义为与同一群体的成员进行的知识获取、分享和组合活动；远程学习被定义为与群体外部个体进行的知识获取、分享和组合活动。本地学习和远程学习描述的是群体成员是参与群体内合作伙伴的学习活动，还是参与群体外合作伙伴的学习活动。对于一个企业而言，到底是选择在一个密集的、有凝聚力的群体内建立合作进行群体内学习，还是选择通过建立稀疏的跨群合作进行群体外学习，取决于其合作成本（Gilsing et al.，2008）。尽管这两种关于企业最佳学习策略的观点之间存在矛盾，但是越来越多的学者一致认为，从知识来源的角度来看，群体内学习与群体外学习都很重要（Rowley et al.，2000）。由于企业既需要探索新技术，又需要利用现有的知识基础，所以网络中既有频繁的、程序化的交互组成的凝聚结构，又有对稀疏网络的访问将是创新的理想状态（Rosenkopf，Padula，2008）。事实上，大多数网络的特征是存在密集的群内连接和稀疏的群外连接，也就是小世界的特性（Uzzi，Spiro，2005）。群体内和群体间连接的具体性质意味着与这些连接相关的知识交换的信息内容和强度是不同的，从而导致群体内和群体间相互连接的企业技术演化模式不同（Jacob，Duysters，2017）。类似地，De Noni 等（2017）区分了区域内与区域间两种合作形式，区域内合作支持区域系统内行动者和行动者之间的知识重组和共享；而区域间合作能够提供互补和多样化的知识来源。

还有一些学者将学习范围与双元学习共同讨论。例如，Holmqvist（2004）认为，利用式学习与探索式学习的相互作用既发生在组织内部，也发生在组织之间。组织内部学习包括群体、部门和团队分享经验，共同学习组织规则等；组织间学习是指组织在战略联盟和其他组织间进行协作，以利用和探索组织间规则的形式从集体学习中获得经验。组织间的交互本身就构成了一个独特的学习过程，它与组织内部的学习水平相分离（Zollo et al.，2002）。舒成利等（2015）从战略联盟领域出发，将探索式学习、利用式学习分别与组织内学习、组织间学习两两结合，形成组织内探索式学习、组织间探索式学习、组织内利用式学习、组织间利用式学习四类。组织间学习在联盟伙伴之间展开，其中，组织间探索式学习是伙伴间投入资源共同开发新技术或新知识；组织间利用式学习是伙伴间通过联盟协议等方式，利用伙伴现有的技术和知识进行改进和调整，以在短期内迅速实现市场收益。Su 和 Vanhaverbeke（2019）将探索式学习划分为伙伴间探索式学习与非伙伴间探索式学习两类，伙伴间探索式学习（ELP）是指企业从它的联盟伙伴那里学习技术；非伙伴间探索式学习（ELN）是指企业从没有与它建立任何正式合作关系的企业那里学习新技术。在非伙伴间探索式学习中，技术资源伙伴关系可以通过让企业接触新颖的技术资源来促进探索式学习。

2.2.3 组织学习的作用

学者对组织学习的作用进行了充分的探讨，发现组织学习确实对企业创新能力的提升起到积极作用。例如，相关研究表明，组织学习能够降低研发成本和经营风险（Hagedoorn，2002），促进隐性知识和显性知识的转移（Ahuja，2000），并能够熟悉对创新至关重要的资产（Hagedoorn，1993）。通过学习，特别是通过组织间学习获取外部知识和技术对企业的创新至关重要。Hervas-Oliver 和 Albor-Garrigos（2008）认为组织间学习过程包括吸收、扩散和通过外部联系带来知识，并发现外部联系在知识扩散和吸收以及整个全球价值链的知识交换过程中发挥着基础性作用。然而，尽管组织学习已被证明有利于企业创新，但并非所有的学习都能带来成功。由于组织学习水平的差异、关系的灵活性和适应性、管理不善等问题，组织学习也会面临失败。例如，从能力视角来看，学习使组织在重复和成功地做某件事时变得更好，而在不经常和不成功地做某件事时变得不那么有能力。学习的这种自我强化的特性使组织倾向于维持当前的焦点，创建循环，从而重现稳定的行为。因此，一些学者认为，这种学习的锁定和能力陷阱无法实现组织变革（Holmqvist，2004）。

对于不同的学习方式，其作用结果也不同。探索式学习注重在外部搜索新的知识，为企业创新活动注入动力；利用式学习则注重整理目前的知识，对原有的流程进行调节，使其与市场技术更加吻合（Dowell，Swaminathan，2006）。两种学习的实质是通过探索新的知识和利用现有的知识，促使企业内外资源互相交融，使企业发展与环境更加吻合，提高企业创新水平。探索式学习强调打破现有的模式，开放不同的思维方式，并进行实验。这些探索活动增加了利用新的或以前无法利用的各种知识的可能性，从而丰富了知识库。只有具有广泛的变化范围，才能确保有足够的选择范围，从而以不同的方式解决问题，支持彻底的创新（March，1991）。利用式学习强调程序化、协调和流程重复，并与当前的能力相关，从而较少使用和接触新的知识（Naveh，2007）。这些活动有助于企业抵抗变化、能力陷阱和不充分或不适当的反应，充分利用已有知识进行重要的渐进式创新，但也可能阻碍企业实现根本性创新（Cohen，Bacdayan，1994）。舒成利等（2015）发现，联盟伙伴通过组织间探索式学习可以获取新知识，从而避免路径依赖，增加技术和资源投入，增强伙伴间信任，这进一步有利于伙伴间的知识共享，促进交流并降低合作成本；通过组织间利用式学习可以快速获取伙伴的经验和现有技术知识，提升组织效率和企业向伙伴获取知识的积极性，提高企业获取知识的程度，降低成本，从而增强知识吸收并加强伙伴间关系。因此，组织间探索式学习与利用式学习都能通过促进伙伴间知识获取进而提升创新绩效。此外，在同一个群体内的成员拥有相似的信息，在不同群体的成员往往具有独特的信息，Wong（2004）发现群体内的本地学习有利于群体效率的提高，而群体外的远程学习有利于群体创新。

一些学者认为组织学习是一个过程，不同学习方式相互作用、共同影响组织创新，因此，企业必须同时采用不同的学习方式，并避免过度依赖于某种学习手段。利用式学习正回报具有自身相关属性，其在时间以及空间上都有非常强烈的明确性，更加注重对已有知识的挖掘，能够更好地对知识进行运用。但长此以往，组织很容易遇到困难与挑战，会引起组织学习的"技术惰性"等，使组织学习过于依赖成功经验，不利于创新的发展，不能够为变革创造有利的条件。虽然对过去的经验进行借鉴甚至照搬能够取得相应成果，但是环境并不是一成不变的，其在时间的流逝中不断发展变化，组织外部的新技术等会对以往的经验进行颠覆，因此，过分关注利用式学习也会引发消极结果，使组织产生学习短视等问题，不利于学习能力的提高，从而引发核心刚性（Brady，Davies，2004）。

同样，如果组织对探索式学习过于关注，也会带来不良后果，无法取得较好的学习成果，产生恶性循环。探索式学习具有非常明显的特点，失败率非常高，并且组织成功的经验也不是很丰富，因而常常会面临失败的困扰。在没有达成组织学习目标的情况下，组织会进行相应的变革活动，避免陷入困难境地。因此，怎样应对不同类别的学习成为需要考量的重要问题。这两者的平衡会产生什么效果与作用也日益受到理论界和实业界的重点关注（王凤彬等，2012）。Tushman 和 O'Reilly（1996）通过一系列探索得出结论，企业绩效的关注程度比较高，企业开展探索式学习和利用式学习对提升企业绩效有很大的好处。

探索式学习注重创造新的知识，利用式学习则更看重利用现有知识，组织绩效受到两种学习之间均衡的影响，并且这样的影响是至关重要的（Gupta et al.，2006）。一些学者认为，企业存在从探索式学习转换到利用式学习，或者从利用式学习转换到探索式学习的现象。也就是说，随着时间的推移，企业在某阶段倾向于采用探索式学习，而在下一个时间阶段又采用利用式学习（Lavie et al.，2011）。另一些学者认为，组织内部存在的空间分隔可以确保双元学习的实现，不同的内部组织会专注于差异化的学习活动（Raisch et al.，2009）。Gupta 等（2006）基于双元理论，研究联盟运行过程中的组织学习行为，提出了探索式/利用式学习的双元均衡及间断均衡概念，从连续性的视角提出，企业将资源在探索式学习和利用式学习之间进行分配是双元均衡；从正交性的视角提出，间断均衡是企业在一段时间仅开展一种学习活动。Russo 和 Vurro（2010）验证了组织内的探索式学习能够与组织间的利用式学习互相协调，进而提升企业绩效。Huang 和 Wang（2018）发现，一些企业通过参与组织间合作，通过技术知识交换的探索式学习机制初步建立关系，并借助获取尖端知识和技术的利用式学习机制，成功地从技术采购升级到研发活动，甚至带动整个集群的发展。

2.3　知识共享的相关研究

2.3.1　知识共享的内涵

2.3.1.1　知识共享的内涵研究

知识理论认为，知识是组织中有价值的、无形的资源和能力的重要组成部分，是企业获取的最具战略意义的资源。鉴于其重要性，大量研究认为，战略联盟日益成为知识创造的重要来源。同样，技术联盟是生产技术知识的主要力量。这种策略促使知识从一个来源流向另一个来源，并促进企业之间的相互学习。换句话说，即企业从参与联盟中获益良多。特别是更多的知识将被共享和转移，来自多个伙伴的知识结合将产生新的知识创造和创新绩效的协同效应。因此，企业可以通过联盟获取现有知识并培育新知识。与此同时，新的能力将围绕以知识为中心的共享、整合、创建和在联盟伙伴之间利用的活动而建立，使企业从这种协作性的知识工作中获得利益。日本著名学者野中郁次郎在 20 世纪提出了 SECI 模型，该模型能够有效解释在进行知识创造时个体以及群体对知识的互相转化。并且，在这个进程中，显性知识以及隐性知识的功能都能够被较好地体现出来，进而借助知识共享达成知识创新的目标（Nonaka，Takeuchi，1995）。这足够引起学者对知识共享的关注。

目前已有的研究从不同角度对组织层面的知识共享意义做出分析与阐述。

第一，在知识共享层面进行分析。Hendriks（1999）指出，知识共享属于知识拥有者与重建者之间的相互交流，知识拥有者的主要目的是传输相应的知识，对知识进行外化；知识重建者则是对知识进行接收，学习相关知识以及理论，并根据自己的理解形成认知，主要对知识进行内化。在 Wang 和 Noe（2010）看来，知识共享的主要目标是提供隐性知识来帮助人们解决问题，实施创新政策，颁发新的程序。

第二，从知识共享角度进行分析，知识可以在个人、团体和组织层面上，在组织内部或跨组织共享。Ipe（2003）认为，知识共享是将知识提供给他人的行为，是将个人持有的知识转化为他人能够理解、吸收和使用的形式的过程。知识共享意味着两方之间的关系，一方拥有知识，另一方获得知识。Michailova 和 Minbaeva（2012）经过一系列分析与探索得出结论，知识共享主要是在知识接受者与传送者之间相联系的进程，主要包含对知识进行资源吸收以及接收的过程。在 Jiacheng 等（2010）看来，借助于组织内部信息的相互交流以及知识的沟通，组织成员能够在组织中学到新的知识，知识共享也被看作促使知识不断传播的个人行为。Lin 等（2012）对知识共享有独到的见解，认为知识共享是组织成员借助一定形式所进行的知识交流活动，并指出这些活动能够在很大程度上提升知识的利用效率，也能够构建起综合性的知识体系。多方知识交流的理想状态是双向的、协同的，其中知识流动是知识积累、扩散和交流的基本要素。所有合作伙伴通过在不同场合频繁的交流活动，为联盟贡献知识。有了知识交换能力，联盟就有可能将专业知识结合在一起，这些知识可以转化为新的产品或服务，为每个合作伙伴带来更大的利益。

第三，从知识共享层面进行分析。Wang 等（2012）认为，知识共享指的是成员间对知识进行交流与沟通，通过交流达成知识互换的目的，进而促使知识创新的发展，帮助组织竞争优势更好地上升。Ritala 等（2015）通过分析得出，知识共享是组织内价值创造的推动因素。在杨静等（2013）看来，跨组织的知识共享能够在很大程度上降低创新成本，也能够减轻风险，提高价值知识的储备，提升组织创新水平，实现创新发展，促使组织保持自身的优势。通过集成活动，内部知识库与外部知识合并。随着时间的推移，联盟的知识库不断升级和扩展，导致内部系统不断完善已知的问题和解决方案。联盟伙伴之间的研究和开发协作得到了改善，这是因为系统提供了激励机制，促进以知识为中心的活动的共享、转移、整合和创造。联盟中的所有伙伴都有合作的动机，促进创新过程中的知识转移，并保留有用的知识来弥补知识缺口。这样，联盟伙伴之间就可以实现潜在的协同作用。

在技术创新网络中，对知识共享内涵的探索与组织层面分析较为相似。Lee 和 Cavusgil（2006）提出，创新网络中的知识共享属于知识交换活动。Paulin 和 Suneson（2012）进行了相应的探索，重新对知识共享做出定义，将其概括为创新网络中发散的知识交换活动，并且这种活动并不具备任何目的性。这与组织层面的共享探索不尽相同，对创新网络结构关系进行探索能够看出，网络中成员的知识存在碎片化以及异质性特点，在网络创新主体进行知识共享时，会面临共享等相关问题，因此，创新网络中知识共享与企业互相竞争的关系较为相似。鉴于所有合作伙伴都渴望开发新产品并进行优化，通过整合和应用现有或新获得的知识，整合活动不仅仅是简单地把知识放在一起，而是强调通过选择和融合对知识进行重组。

2.3.1.2　知识共享的影响因素研究

在与知识创新有关的文献中，学者们对知识共享的影响因素非常关注。目前的相关探索从组织层面以及网络层面对知识共享影响因素做出了探讨与分析，无论是哪一层面的影响因素，都会对组织中的知识共享产生一定的影响。

对知识共享组织层面因素做出的相关分析，主要集中于组织文化、组织成员以及组织结构。在组织文化层面，Zhang 等（2014）对跨文化对组织知识共享的影响进行了分析，他提出相应的价值观会对知识共享产生较为直接的影响，很多文化价值观都与知识共享动机存在一定的交互联系。Yang 和 Chen（2007）认为，合作文化、组织学习文化等因素都会对组织知识能力产生影响，进而影响其知识共享水平。在组织成员层面，Nesheim 等（2014）提出，组织中的知识共享会受到以下几个因素的影响：成员受教育程度、成员所从事的行业领域以及职位培训等。Ruggles（1998）对美国组织团队进行了实证研究，结果证明组织成员的流动能够抑制知识共享行为的产生。在组织结构层面，Pierce（2012）认为，组织管理者会受私利的影响而影响到知识共享，在很大程度上阻碍了知识共享的精准性，会对组织绩效产生相应的负向影响。Willem 和 Buelens（2009）认为，组织协调性以及专业化程度对知识共享产生正向影响，而规范化程度对知识共享的影响并没得到验证。更高的协同创新能力有助于促进伙伴间互补知识的结合。捆绑知识库存产生的协同收益大于单个部分之和（1+1> 2），这种协同效应来自复杂且动态的知识流动、吸收和利用过程。知识创新主要存在于合作研发、试生产、转型和市场化阶段。随着新知识的积累，打破原有的知识结构和规律，生成新的范式，推动创新体系不断发展，最终服务于联盟伙伴的创新目的。

网络层面的知识共享体现在网络情境、网络特征。在网络情境方面，Wu 等（2016）发现，社会互动以及任务型依赖会对群体信任产生相关影响。除此之外，群体信任以及知识共享氛围也会影响知识共享的结果。Inkpen 等（2005）对战略联盟网络做出研究，从不同视角找出网络情境对知识共享的各种影响，并指出了不同的手段与方式，伙伴吸收和复制对合作活动中获得新知识的能力也不同。在战略联盟网络中，共享和利用其资源和专有技术伙伴之间的协作既可以促进新知识的创造，也可以促进现有知识的转移。具有高水平协同创新能力的合作伙伴可能会对环境变化做出动态响应。这种响应能力是基于快速适应和应用知识来设计和开发产品或服务的新特性的能力。Levin 等（2004）对信任关系以及知识自身的特性进行了分析，找出这些因素对知识共享的影响，以及信任在其中发挥的作用。王智生等（2012）认为，在合作创新网络中，成员信任感是极为重要的，也会对知识共享产生非常大的影响，并且信任在创新的不同阶段所产生的影响都是不同的。

在对网络特征与知识共享间联系进行探究时，Tsai（2001）借助实证研究手段，分析了网络位置对企业创新以及盈利能力的影响，处在网络中心位置的企业创新能力更强，获取利润的能力会更大，相对应的知识共享水平也就更高。Dacin 等（2007）也做出过类似的研究，指出网络中心位置企业能够对其他成员输出相关的技术并以此来获得信任，用这种手段提升网络成员之间的协调性，促使创新网络知识共享目标得以达成。Reagans 等（2003）研究表明，网络聚合度会对网络成员参加知识共享的意愿产生相应的影响，而知识传播能力主要会受到网络跨度的影响，这也会在一定程度上影响知识共享。国内学者方面，雷宏振等（2014）分析了网络特点对知识有效性的影响，主要包括网络中心性、网络联系强度等对知识共享的影响，结果表明网络联系强度越大，知识共享满意度也就越高。常红锦等（2016）研究发现，网络位置越好，知识共享水平越高。

2.3.2　分裂断层对知识共享的影响

断层属于假想分界线，其对团队进行划分时，依据个体不同属性将其分为几个同质性子群，子群的产生会在很大程度上影响团队，还会对团队的创新能力以及成员满意度的知识共享产生各种各样的影响。在学者们对断层与知识共享之间的关系进行探索时，从主流角度进行分析可以看出，只有被激活的断层才能够在很大程度上影响知识共享，休眠断层对知识共享的影响不是非常明显。例如，Jehn 等（2010）提出客观断层结构与团队绩效的联系不是非常密切，但是需要一定条件才能够被感应到，进而对知识共享以及团队绩效都产生相应的影响。刘新梅（2015）认为，学习行为包含信息联系的构建以及成员知识共享两个方面。被激活的断层会对学习行为以及效率产生种种影响。Shen 等（2008）从断层角度对子群动力学与知识协作间的关系进行了研究，结果表明被感应的断层对子群间知识协作以及绩效都会产生消极作用。除此之外，知识协作在断层与成员满意度间会起到中介作用。

对以上研究做出具体分析可以看出，被激活的断层能够对知识共享以及协作等产生有关影响，但是对休眠断层的影响需要相关的情境因素来对断层进行激活，在断层没有被激活的情况下，其自身的知识共享效果无法完全发挥出来。例如，Polzer 等（2006）对断层模型进行扩展，将其扩展到团队层面，在他们看来，地理位置比较分散的团队成员位置可以对断层进行激发，使团队内部产生矛盾，降低子群成员之间的信任度。成员之间信任度变低会促使成员内部知识共享的频率也变低，并且在团队子群数量变多的背景下，影响也会变大。Ren 等（2014）认为，受信息多元化的影响，断层并没有对知识共享产生较为直接的影响，子群间网络联系则具备相应的激活效果，积极的网络联系能够促使子群以及信息等结合在一起，提高子群间成员的信任度，提高子群间信息共享的水平；而消极的网络联系会促使断层被感应并且被激活，抑制子群间知识共享程度，既会导致消极后果，也会导致断层对绩效产生负向影响。Van Knippenberg 等（2011）研究表明，共同目标会使断层的消极效果变弱。

还有很多学者关注断层的其他特点以及其对知识共享的影响，如断层的距离、地位等对知识共享产生的影响。从断层强度及距离角度进行分析，Lau 和 Murnighan（2005）将断层强度分为强断层和弱断层两类，这两类断层都会导致团队内部产生矛盾，不利于群体知识的共享，会降低团队中成员的满意度，尤其是对强断层团队的满意度下降幅度更大。在弱断层团队中，跨子群交流可以对负向效应进行调整，使团队内部的冲突变小，促使团队获得更好的学习效果。Bezrukova 等（2009）对断层强度以及距离在社会分类断层中的表现进行了研究，结果表明社会分类断层距离对知识共享与绩效的影响更加明显，在加工信息的过程中，强度与距离间的负向影响是一致的。

从成员关系以及地位角度进行分析，Hwang 等（2015）提出，成员之间的相似性以及社会地位会对知识共享产生相关的影响，社群成员会更倾向于与自己属性较为相似的成员进行共享，并且随着知识提供者知识共享经历的丰富，其更乐于与专业知识相似度较高的成员进行知识共享，而不太倾向于与自身属性不太相似的成员进行知识共享。因此，在线社群在进行共享的过程中，类别属性的边界会渐渐变弱，专业知识相似性边界会渐渐变强。Heidl 等（2014）从成员间关系层面多伙伴联盟知识进行共享做出探索，提出多伙伴联盟内的竞争以及权力都会对成员意愿产生影响，内部竞争会逐渐变少。与此同时，与其他伙伴成员相比，拥有实权的企业能够从多伙伴学习中得到更多益处，受内部竞争的影响不是很大。

2.3.3　分裂断层、组织学习与知识共享

无论是针对个体间群体的探索，还是针对企业间群体的探索，学者对子群形成原因的关注度不够，所做的讨论也不是很多。在团队层面进行研究时，主要从互惠角度以及资源交换角度来对子群形成的原因做出仔细分析（张佳音、罗家德，2007），但具体的理论分析以及实证分析都不够充分。虽然断层理论对子群问题非常关注，但是在王海珍等（2011）看来，西方的认同理论在我国并不实用，也无法对我国人际关系做出较好的解释，因此，在断层理论中，人口特点的聚合无法替代子群的构成。这个探索从社会网络层面出发，对关系强度进行运用，将其看作子群身份代理变量，关系强度更高的员工成为派系局内人的可能性更高，关系强度不是很高的个人则成为派系局外人的可能性更高。从派系局内人的角度出发，派系能够帮助信息的获取，构建相关的信息平台，并获得其他派系的保护，提升满意程度。对于派系局外人来说，他们想要获得子群内部的私密信息是比较困难的，并且更容易受到局内人不公正的评论，子群的产生会使他们的满意度下降。在对网络层面进行分析与探索时，虽然技术创新网络中产生的子群现象得到了学者广泛的关注，但是目前对子群形成相关问题所做的探索并不是非常多，仅有的少部分探索也主要是对理论进行分析，并且不是很系统，也没有做出整理。相关学者主要从交易成本以及相似性等角度对子群产生的原因做出了分析与解释（Duysters，Lemmens，2003）。例如，Gulati 等（2012）从以下几个方面对局部凝聚子群产生的原因做出探索：首先，尽可能减少伙伴搜寻的成本，很多与潜在伙伴有关的资源在市场信息中都无法查看。很多组织为了节约合作伙伴的成本，往往选择与自己熟悉的伙伴合作，它们通常会与自己有直接或者间接的关系。其次，声誉锁

定效应。联系比较密切的子群能够创造出声誉锁定效应,在特定状况下非合作行为会需要很大的代价。随着声誉信息的广泛传播,集体实施社会制裁的可能性会越来越大。最后,技术相似性。在组织想要扩展资源规模或者想要提高创新力度时,凝聚子群产生的主要原因就是组织间技术的相似性。Cowan 和 Jonard(2009)认为,在对小世界网络特点进行探索时,局部凝聚子群的产生能够从两个方面进行解释:一方面是社会资本,另一方面是临界性。社会资本指的是关系嵌入性以及结构嵌入性,前者可以产生相关的关系惯性,但是并不会引起集群,而后者才能够引起集群。借助于合作伙伴的共享,结构嵌入能够对潜在伙伴能力以及目标等信息有所展示,还能够使权力不对称状况有所下降,运用这些有利因素能够促使局部凝聚子群的产生。临界质量则对知识以及面对面交互的重要性有所依赖,如地理位置的影响以及共同语言的影响,并且面对面交互能够促使隐性知识更好地传递下去,提高本地创新效率。Sytch 和 Tatarynowicz(2014)对组织间合作与冲突进行探索,分析网络的动态特点,提出冲突关系是网络整体结构被划分为不同合作社群的主要原因。虽然目前研究从很多方面对子群形成的原因进行了相关探索,但仍然把子群看作诸多二元关系的集合,并没有站在整体网络角度进行分析,对视角进行整合的理论也不是很丰富。

分裂断层被看作子群产生的主要原因,虽然截至目前,对组织层面以及网络层面所做的探索都不是非常充分,但是分裂断层仍旧能够为子群的形成提供相应的思路。Thatche 和 Patel(2011)在对团队角度进行探索时提出,子群形成的可能性以及子群间明确的界限为断层发挥作用提供了有利条件。所以,子群断层作用的产生是重点。一方面,由于内部凝聚力不断变强,这使子群对本群成员更加信任(Thatcher,Patel,2011);另一方面,内外子群的意见可能会不统一,从而使不同子群间产生矛盾以及不信任等(Bezrukova et al.,2009)。虽然断层与子群间的联系非常紧密,但是对两者间关系做出仔细探索的研究仍很鲜见。很多研究把断层和子群看作并发概念,并没有考虑到断层与子群之间的显著区别,只把子群看作断层产生的结果在形式中的体现。而 Mäs 等（2013）运用仿真手段，引入子群极化的概念对断层与子群间的联系进行了详细探讨。在他们看来，断层能够在短时间内致使群体分裂，不同子群间通常会存在很强的反对意见，这使子群间会引起隔离，但是这种状况只在成员属性聚合程度非常强的背景下才会产生。但是，从长期角度进行分析，子群间会形成相应的连接，这使子群间的差异性变小，通过对子群间的意见进行整合来克服子群极化。断层对子群的影响是由分到合的动态进程。在对组织层面进行探索时，还没有具体的相关研究对分裂断层与子群间的联系做出细致分析，将分裂断层作用看作网络分裂问题的引发因素。例如，在 Heidl 等（2014）看来，分裂断层能够使多边联盟分裂为不同派系甚至会使它们消失。但是这项研究并没有对分裂断层以及派系间的联系进行检测，而是直接对分裂断层对多边联盟的影响做出论述。Zhang 等（2017）也认为，分裂断层会导致网络分裂。因此，对以上种种研究进行梳理与分析不难发现，子群的形成问题在已有的技术创新网络研究中尚不多见，子群间关系与分裂断层相结合的研究还较为缺乏，关注并研究以上问题，有助于丰富分裂断层理论的内容。

技术创新网络属于组织间的群体，会存在分裂断层的情况，但是对分裂断层在技术创新网络层面的探索刚刚起步，理论的扩展还不完善，其对技术创新网络产生的影响也不是很明确。从团队层面进行的分析对断层的影响做出了详细论述。虽然这些探索没有对断层与子群间的联系进行检测，但是很大一部分表明了断层所引发的主要影响是子群问题。从组织层面进行分析时，对分裂断层对群体运行结果产生的影响没有做出深入的探索，但是子群运行结果受到了学者的广泛关注。目前，很多探索都是对子群进行关注，注重其对企业知识共享产生的影响，而对其与网络知识共享间的联系有所忽视。企业参加技术创新网络的主要目的是提升自身的质量以及服务能力，增强自身的实力（Feng et al., 2010）。技术创新网络想要实现自身的创新目标，会通过企业创新等手段，而合作知识共享是对企业合作创新水平进行衡量的主要指标（李玲，2011）。冯泰文等（2013）将合作创新模式划分为企业内部不同部门之间的合作与创新以及网络化合作与创新等。企业内部跨部门创新主要是在企业内部产生的，借助于不同部门间的有效合作，能够较好地进行信息传递，不断提升产品发展速度以及创新效率，节约开放成本，促使企业绩效有所提升（Feng，Wang，2013）。很多战略联盟的相关探索将以上两种因素看成节点数量，进而对多边联盟做出探索，找出企业间合作知识共享带来的影响。例如，Lai 等（2010）、Hoehn-Weiss 等（2017）从不同方面对企业参与 R&D 联盟的目的进行分析，如交易成本等。大多数技术创新网络会把二元合作等看成节点类型，进而对技术创新网络中不同企业间相互合作以及知识共享的影响做出分析。例如，企业间的相互合作（Fritsch，Lukas，2001；Belderbos et al.，2004；Un et al.，2010）对技术创新网络进行了整合（Wong et al.，2011），找出了其对知识共享的一系列影响。网络化合作创新则是不同企业开发出新的产品或者服务而形成的新型创新模式。由于网络化合作创新在很多方面比较复杂，所以，怎样才能够实现网络治理成为网络化创新的主要研究方向。作为网络治理的主要成果，如何提高网络化合作才能够得到关注，不断进行合作与创新的企业一般会拥有一定的技能或者互补知识，对自身的创新能力进行提升有利于合作知识共享的有效提高（Dagnino et al.，2015）。如果把子群看作较为重要的网络特点，那么子群会对知识共享产生非常重要的影响。因此，合作知识共享是对技术创新网络进行衡量的主要变量，对分裂断层做出探索能够为知识共享的发展注入力量。

2.4 网络权力的相关研究

2.4.1 网络权力的内涵

权力（Power）是政治学中的主要概念，被看作人的意志等的行为能力或者影响，具有控制性以及强制性等特征。权力来源包含支配手段，也包含垄断能力，拥有权力的一方能够对利益相关者活动起到决定性作用，也能够借助于权力交换手段得到相应报酬。随着权力主体的变化，权力不再被看作个人的意志以及想法，而是被看作组织结构的成果。权力是组织的核心部分已经得到广泛认可（Fleming，Spicer，2014），一般情况下会被看作企业特定行为对其他企业活动产生的种种影响（Cuevas et al.，2015）。作为一个多层面的概念，权力广泛存在于个体、组织以及关系等层面（Meehan，Wright，2012）。

网络的概念来源于社会学的研究，具体指主体间的联系以及形成的社会结构。企业所在的合作网络中主要是由各方所包含的异质性资源构成，网络成员之间互相依赖，联系非常紧密，企业主体权力在合作网络中拓宽了自身的边界。企业异质性资源既能够提升企业的创新效率，也能够使企业更容易被信赖，企业自身包含的异质性资源越多，所获得的依赖就会越高，在进行网络合作中的权力也就会越大。在高映红和刘国新（2011）看来，网络权力指的是网络组织中成员之间的互相影响，所体现出的网络合作中不同角色的互相影响以及自身能力的展示。易明等（2011）对网络权力意义做出梳理与概括，将其定义为在产业集群网络之中，某个集群治理主体对其他主体进行控制的能力。在孙国强等（2014）看来，网络权力指的是在网络交换进程中，不同网络节点的控制能力以及影响力度，它能够对网络运行进行驱动，还能够对网络运行效率起到制约作用（孙国强等，2016）。谢永平等（2014）、张巍和党兴华（2011）认为，网络权力是对网络资源以及其他企业产生的控制力以及影响力。在技术创新网络中，节点组织在很多方面存在不同之处，使网络权力的分布结构存在不均衡特点，也使创新网络中存在企业控制与服从关系。网络权力越大，企业越能够互相合作，互相吸引，并且在交互中形成更加密切的联系。网络权力是相互的，也就是企业间行为的互相影响。然而权力并不是对称的，也就是说，虽然双方都存在一定的影响力，但是双方的权力存在不同之处，双方的关系也处在对称与不对称的范围，其在控制与服从之间不断发生改变（程鲜妮、邸德海，2004）。

在网络中，由于很多主体占据较好的位置，拥有丰富的资源，处于有利的竞争地位，所以会拥有比其他主体更大的权力。对目前的探索进行分析能够发现，学者能够了解到网络权力在网络组织中的普遍特性。Maloni 和 Benton（2000）经过一系列探索发现，在大部分知识价值链合作过程中，双方的权力并不对等，并且权力控制的效果比较好。Dhanasai 等（2006）认为，集群网络中会存在对网络影响很大的成员，他们的权力相对来说比较大，对权力进行运用，创造相关价值。从另一角度进行分析，集群中异质性网络组织拥有不一样的知识种类，网络权力在知识活动发展中起到非同小可的作用。Rajan 和 Zingales（1998）提出，组织对网络环境存在一定的依赖性，从本质上进行分析是对知识的依赖，而对资源的控制是权力的来源方式。Pérez-Nordtvedt 等（2008）则认为，知识具有自身无法替代的价值，具备不可取代特征，因此拥有较多权力的知识供应方能够掌握重要知识要素，产生更大的影响，起到更好的支配作用。

2.4.2 网络权力的分类

权力有多种类别划分，如 French 等（1959）将企业间的权力根据来源划分为五种：奖赏权、惩罚权、参照权、法定权、专家权。奖赏权指的是赋予施加奖励的权力；惩罚权指的是对象拥有接受处罚的能力；参照权指的是权力施加方与权力拥有方之间的密切联系，进而获取身份的认可，以及对权力拥有方的追随；法定权指的是一些法律以及合同等赋予的权力。一些学者为了更好地进行分析与探索，把企业权力分为两种：一种是奖励权；另一种是调整性权。调整性权指的是有意图地施加在对象身上的权力，如奖惩权等，而奖励权指的是不刻意地对对象权力进行操控的权力，如参照权等（霍宝锋等，2013）。专家权是指在网络权力的相关研究中，学者主要从资源、知识、位置等方面分析网络权力的来源（刘文彬、唐杰，2009）。

2.4.2.1 来源于资源依赖性的网络权力

一些学者认为权力关系的核心是依赖。网络权力产生于依赖，资源依赖决定了网络权力的大小。根据资源的稀缺性、重要性和不可替代性，不同品质资源拥有者的权力大小是不同的（雷昊，2004）。网络中参与者之间能够达成共识以及互相沟通主要是因为其对某种资源达成了共享条约，如主要技术以及人力资源等，网络关系中一旦确定资源的重要性，就会对这个资源的权威进行认可（过聚荣、茅宁，2005）。Rajan 和 Zingales（1998）站在资源依赖角度进行分析与探索，发现对异质性资源的掌控能够促使企业网络权力的形成。易明（2010）认为，具备资源优势的企业能够对被制约主体进行指导，而被制约主体是否能够摆脱资源与网络认识程度以及对网络关系的处理程度有关。从权力主体角度出发，学者对企业本源的探索较为注重。从这个层面进行分析，权力被看作权力主体的自身特点，并且这个特征与企业的资源存在密切联系。这个理论在企业研究中占据非常重要的地位，主要代表是资源基础论以及企业能力论等。在这两个理论看来，企业蕴含着各种各样的资源，很多资源都无法在短时间内积累起来，不同企业拥有的资源不尽相同，可以说企业会拥有一定特点的资源，这些资源一般具有独特性以及无法复制性，既使企业的核心能力有所提升，也能够使企业在进行交易时占据更大的优势（王琴，2012）。在企业分工不断深入的背景下，所有企业的生存都需要对其他企业进行依赖，与其他企业互相合作、互相交流、取长补短，汲取自身所需要的资源。企业不能够自己生产出所需要的各类物品，因此资源依赖是必然的。企业间权力关系较为广泛，权力是企业资源的体现。而资源是企业在经营进程中所投入的各类生产要素的集中，企业不同，所拥有的资源也有不同的特点，这使不同企业间存在互相依赖的情况，并且这种依赖并不是完全对称的。内在资源存在很大的差异性，也使参与者的网络权力关系不强，一些企业所拥有的资源数量相对来说比较多，而这些企业的控制力以及发展都比较好，造成其他企业对其的依赖。由于资源概念比较广泛，所以能够产生权力的资源无法被归纳。企业的规模以及发展时间等都属于能够产生权力的资源。Gaski（1987）认为，权力资源包含的种类比较多，具体包括时间以及网络群规模等。除此之外，物质资源等也能够产生权力。Wernerfelt（1984）认为，权力资源包含品牌的名称、企业自身的技术能力和贸易合同等。相对来说，权力资源的类型比较多，但是大部分具有以下特点：首先，资源是非常重要的，企业拥有的资源地位越高，企业的权力也会越高。其次，资源的稀缺程度，这与企业的能力密切相关，企业的资源越是稀缺，企业自身的权力就会越大。最后，资源的不可替代性，企业拥有的资源无法进行替代或者是无法仿制，这主要表现在市场中同类资源的相似水平。这些品质能够在企业实践中获得肯定，通常情况下，具有"VRIN"异质性资源的企业市场地位更高（Barney，1991）。

2.4.2.2 来源于知识能力水平的网络权力

企业的网络权力很大一部分来自企业的知识能力水平。知识能力包含很多因素，具体有技术水平、创新意识以及开放程度等，这是企业核心能力的重要组成因素，也可以称作隐性资源，能够帮助企业获取优势地位。知识共享可以促使组织成员间信息得到较好的交流与沟通，构建较为完善的知识共享途径，也能够促使组织主体联系更加密切，帮助网络节点中的知识转移，让知识水平比较高的企业拥有主导权力，还能够使其他企业对这个企业进行依赖，提高企业知识吸收以及运用水平。在任浩和甄杰（2012）看来，知识水平比较高的网络节点能够获取一定的影响力，知识能力则是资源依赖的表现手段，能够促使企业对资源以及知识进行较好的整合，进而变为网络权力的拥有者。在不同作用形式的影响下，可以将知识权力分为两类：一是控制力；二是影响力。前者能够对企业的行为做出一定约束，形成相应网络规范，后者则能够对组织间的关系进行协调（Knoke，1990）。知识权力具有协调合作创新行为，以及建立网络规范等重要功能，知识权力越强的企业，治理效果就会越好，在网络中的作用也就越大（张巍、党兴华，2011）。基于知识的观点认为，知识是有价值的、无形的组织资源和能力的必要组成部分，最具战略意义的资源企业应该获得（Grant，1996）。鉴于其重要性，许多研究认为，战略联盟越来越成为知识创造的重要来源。同样，技术联盟也是技术知识生产的主要动力。这种策略促进了知识从一个来源流向另一个来源（Argote，Ingram，2000），并促进了相互学习。换句话说，企业从参与联盟中获得了显著的知识收益（Grant，Baden-Fuller，2004）。特别是更多的知识被共享和转移，期望将来自多个合作伙伴的知识结合起来，产生新知识创造和创新绩效的协同效应（Yao et al.，2013）。因此，企业将通过联盟获得现有的知识和培养新的知识。同时，围绕联盟伙伴之间的共享、整合、创建、利用等以知识为中心的活动（Frankort，2016），构建新的能力，使企业从这种协同的知识工作中获益。在这个过程中，合作伙伴可能发展技术和操作能力，将内部知识与外部知识联系起来，并最终对其加入新联盟的倾向产生重大影响。总之，以前的研究很少深入与知识相关的能力建设的详细分析（Zhang et al.，2019）。基于网络层面进行分析，知识权力指的是在网络节点中对网络知识资源的控制能力，还包括对其他成员的影响程度。知识权力自身具有很多优势，能够促使网络更加规范，还能够形成有助于自身发展的网络惯例，且对其他成员的行为影响也非常大，可以提升网络成员之间知识共享的意愿，确保自身能够获得更多的知识资源，并对资源进行较好的运用（Abdul，Hassan，2008）。Latiff 等（2008）对知识权力的概念进行了仔细的分析与探索，对知识权力表示的价值性获取能力进行关注。依据相应的资源依赖理论，企业外部知识网络的依赖，从本质上来讲是对网络中知识资源的依赖。相应地，网络节点中拥有的重要因素，在组织间会形成很大的影响能力，也被称作知识权力。

2.4.2.3　来源于结构位置优势的网络权力

如果把企业以及与企业相关的人群看作节点，将彼此的联系看作相关连接，彼此间就会构成较为复杂的网络结构，不同节点互相沟通，互相联系，它们之间存在相应的交互联系，直接或者间接地结合在一起。在独立的资源系统中，个体拥有的资源价值能够对其权力起到决定性作用。但是在网络中，单个的成员权力不能够取决于自身所拥有的资源，还会受到其他成员获得这种资源的影响（Yamagishi et al.，1988）。并不是通过占有资源才能够对资源进行运用，而是可以运用关系网来获取相应的资源，企业之间的联合表示机会，而企业定位与参与者网络中的权力密切相关（Brass，Burkhardt，1993），这种受到定位影响而产生的权力与成员间的作用结构有关（Yamagishi et al.，1988）。因此，站在网络层面进行分析，权力属于网络中不同位置的属性，在对其意义进行探讨时应该从网络主体角度出发。在网络组织中，参与者的权力还会受到参与者关系模式的影响。网络结构以及定位会对资源可获得性产生种种影响。企业可以利用位置优势来实现战略优势，并增强其创新地位（Wincent et al.，2010）。权力与中心性存在一定关联，中心性表示网络所围绕的中心高度，体现在不同的层面，如中介中心性以及度数中心性等（Rowley，1997）。度数中心性指的是参与者之间相关联系的数量，中心性与资源获取能力存在较为密切的联系，中心性越高，获取资源的水平也就越高。接近中心性指的是参与者对其他成员进行访问的能力，参与者到达其他参与者的路径可以对其接近中心性进行衡量，到达路径越短，那么其接近中心性就越高，受到他人掌控的机会也就越小。中间中心性指的是其他参与者必须与参与者进行交往，中间位置的参与者能够对群体产生较大的影响，可以对信息进行理解与控制。接近中心性能够表明参与者的独立程度，中间中心性则能够表明参与者自身的控制水平（Freeman，1978）。如果中心性程度比较高的企业以及中间中心性企业的内部成员间联系密切，那么对其他成员进行访问时就会更加方便，这是因为路径不是很长，能够较快到达资源点并获得相关的信息，其结构特点较为显著。Burt（1992）提出了结构洞概念，并提出了与这个观点较为相似的观点。结构洞指的是在网络中的个体会与其他个体产生相关联系，但并不是与所有其他个体都产生联系。受到结构洞的影响，对两者进行连接的第三者自身会具备一定的控制优势，因此，结构洞位置在网络中是最可能产生权力的。并且，权力与密度存在一定联系。网络密度指的是网络中不同成员之间的联系，成员之间的沟通与互动对价值知识流动有积极效果。在网络密度不断提升的情况下，网络中的连接变多，成员间的沟通效率也会更高（Oliver，1991）。通常情况下，密度能够促使成员间渗透性有所提升，对交易模式的稳定性有积极作用，进而在成员之间构建起相应的行为规范，并促使成员行为渐渐一致，这对企业的约束力会变强。因此，在密度较高的网络中，从整体角度进行分析，网络对不同企业成员的约束力不断变高，但是对于单一成员来说，其对其他企业的控制能力则变弱了（Rowley，1997）。

2.4.3 网络权力、分裂断层与知识共享

在合作网络中，对企业网络权力进行探索时，主要关注网络权力的治理及其对企业的影响。Gereffi（1996）把权力概念纳入企业网络探索中，分析了网络演化进程中企业权力的效果。在 Granovetter（2005）看来，垂直关系与水平关系使权力与依赖等得以形成，这会对经济活动中网络治理产生非常大的影响。在 Sozen（2012）看来，如果企业的网络权力比较大，那么企业在对组织关系进行协调时就会起到领导作用，这有助于企业网络共识的达成，也能够促使企业更好地对网络行为进行规范。Ma 等（2013）把企业网络权力与网络位置连接起来，指出两者互相结合能够提升其关系效能，提高权力导向效应。Kahkonen（2014）对合作网络中不同节点间的权力关系与合作关系做出探索，对网络权力对企业的影响进行了探讨。韩莹等（2017）发现，知识供应源与中介收益联系非常密切，在网络权力不断提升的背景下，收益也在不断变多。从这些研究中可以发现，网络权力对创新网络具有治理效果，在网络组织创新中起到重要的控制作用，可以对组织行为做出较好的规范，促使合作共识更好地达成。在 Shore 等（2015）看来，网络权力在网络治理中起到非常重要的作用，其地位较高，它的控制手段能够促使组织学习过程更加规范，使合作不确定因素有所下

降；并且，网络权力在组织中表示核心力量，其对应的模式被网络成员模仿。孙国强等（2016）认为，网络权力无论是从哪一方面来讲都会引发网络资源的不对称性分布，核心节点具有非常强的引导效果，而边缘节点的辅助作用比较强。网络权力的结构优势对知识共享起到积极促进作用。刘立和党兴华（2014）认为，网络权力的本质关系是组织间合作的不对称性。在他们看来，断层是根据相关属性对群体进行划分的假定分界线，可以将群体分成两个或者更多的子群体。在这之后，学者也对这个概念进行借鉴与运用，对多样性引起的断层及其对团队动态产生的相关影响做出仔细探索，从而产生相应的子群问题。而这个问题正是断层研究的主要问题，断层将群体分为不同的内部同质，使群内的成员对同群中的成员信任度变得更高（Thatcher，Patel，2011）。传统断层属于先验概念，也就是潜在断层，对不同的个体成员属性进行观察与分析能够看出，这些性别以及年龄等相同的个体，更可能会凝聚在一起，形成子群。属性相同使他们的生活经历等都比较相似，这会帮助他们建立起更强的凝聚力量，属性的数量以及聚合程度能够对断层强度起到决定性作用（Ndofor et al.，2015）。如果个体的属性聚合度越高，那么相似的属性就会更多，断层强度也会更高。Gibson 和 Vermeulen（2003）对断层概念以及多样性差别进行了分析与解释，通过实例分析找出异质性以及断层间的区别：虽然不同团队异质性相同，但是其断层强度不同。网络权力与组织学习关系密切，互惠的知识交流存在于网络权力较低的企业之间，进而促进了组织学习，知识共享的动机和氛围逐渐在创新网络中达成和形成（Colin et al.，2011）。网络权力比较强的企业借助较好的开放环境以及知识共享氛围来促使自身知识共享水平的提高（Dhanaraj et al.，2004）。也就是说，网络子群内部关系的紧密性和高水平的知识共享导致了网络子群间的不联系，甚至形成敌对的派系。

2.5 研究述评

（1）目前，关于断层理论的分析和研究已经从个体间的群体层面延伸至组织间的群体层面，虽然对组织间层面断层的研究有了一定的进展，但是与团队层面相比，断层在组织间网络层面的研究尚不充分，特别是其作用方式和路径也不清晰。国外学者从组织间合作关系视角，基于网络成员的属性特征，探讨断层的形成原因和发展过程，做出初步的探索，但是这些研究中并未建立清晰的断层概念，且系统性不强。也有一些学者主要围绕断层对组织间群体的破坏性方面展开研究，提出断层能够引起网络结构的不稳定，甚至是网络的消散和衰退。有的学者则认为断层对组织间群体具有积极作用，能够激发群体相互的学习行为，促使群体间的内部信息以及观点互相交流，对群体的创造力提升非常有利。具体到技术创新网络这样的组织形式，关于断层的概念还不清晰，其对网络结构的影响尚需探索。因此，本书拟对断层研究进行扩展，在技术创新网络层面展开研究，并对 Heidl 等（2014）多边联盟中的断层研究做出借鉴，引入"分裂断层"（Divisive Faultlines）这一概念，规范界定技术创新网络分裂断层的概念，为网络层面分裂断层的探索打好基础。

（2）现有对组织学习的研究多是根据企业自身的双元性或学习范围进行划分，较少从群体层面同时考虑双元性和范围，以及研究组织学习对组织间群体知识共享结果的影响。现有大量关于组织学习的研究，运用最广泛的是根据组织的双元性将组织学习划分为探索式学习与利用式学习；同时，也有一些学者根据学习范围将组织学习划分为内部学习与外部学习。近年来，也有学者将学习范围与双元学习共同讨论，认为它们之间存在交互作用，构成了一个独特的学习过程，可以发挥出比单一组合更佳的效果，但是这方面的研究还比较少见，有待进一步探索。随着组织学习研究的深入，有学者指出组织间学习获取外部知识和技术对企业的创新至关重要，选择不同的组织学习方式，作用的结果不尽相同。更有学者指出组织学习是一个过程，不同的学习方式相互作用、共同影响组织创新，只有采用不同的学习方式，才能避免由于过度依赖某一种学习方式导致的学习锁定和能力陷阱。有关组织学习同时考虑双元性和范围对组织间群体结果的影响机理尚不清晰，因此，本书拟借鉴已有的组织学习研究，将学习范围与双元学习结合，从群体内学习与群体外学习两个方面考虑双元学习，形成四种组合，即群体内探索式学习与群体内利用式学习，群体外探索式学习与群体外利用式学习，进一步研究其对技术创新网络中知识共享的影响。

（3）知识共享在网络层面的影响因素研究，多从信任、关系或结构等静态特征出发，较少考虑群体成员间互动等动态过程对知识共享的影响，不能很好地解释群体层面知识共享的差异性。目前的相关探索从组织层面以及网络层面对知识共享影响因素做出探讨与分析，在组织层面的研究聚焦于组织文化、组织成员、组织结构等方面，在网络层面的研究则偏重于网络情境和网络特征。在技术创新网络环境下，由共同合作创新引发的成员互动性频繁，在这个动态过程中，知识共享不可避免地发生，而由于技术创新网络环境的复杂性，成员的异质性特征等导致的知识共享差异性明显，现有这方面的研究还不能很好地解释这种差异性。本书拟从技术创新网络中的群体互动过程出发，研究动态过程中群体层面知识共享的差异性特征和控制策略。

（4）现有研究已经发现网络权力具有治理作用，但对如何发挥网络权力的治理作用方面的研究还不充分，尤其是缺乏对网络权力在断层效应中治理作用的相关研究。拥有强大的网络权力的企业在合作网络中表现为更多地对其他企业的依赖吸引，在需要进行网络协调的时候，可以表现出更大的领导作用，权力导向效应明显，有利于规范网络中的行为，促进网络中合作共识的达成。随着网络权力的提升，整个网络组织的收益也在提高。网络权力在创新网络中具有治理作用。然而，目前将网络权力的治理作用的发挥条件和路径与断层效应结合的研究还不多见，因此，本书将网络权力引入分裂断层对知识共享的影响研究之中，探索其促进技术创新网络中的成员维系组织间关系的作用路径和条件，以期最终实现网络稳定、创新独占和知识共享。

根据以上论述，关于分裂断层以及效应的探索研究阶段还不是很成熟，国内外在这方面的理论研究尚处于探索阶段。在新时代条件下，我国科技型企业之间的合作不断强化，借助技术创新网络开展更深入领域内的创新探索更加活跃，客观上需要对技术创新网络分裂断层现象做出准确分析，需要厘清分裂断层对技术创新网络的多方面影响，就此展开探索和系统的研究。本书从分裂断层定义以及特点出发做出阐述，考虑节点企业网络特点的多样性以及关系嵌入性，研究客观存在的分裂断层（特征多样性）和被激活的分裂断层（关系嵌入）对技术创新网络中知识共享的影响。

2.6　本章小结

本章对国内外有关分裂断层、知识共享和组织学习的文献进行系统梳理，全面地综述相关研究成果，明晰了分裂断层、组织学习等变量的内涵、分类、作用；知识共享的内涵、分裂断层对其产生的影响，其与分裂断层、组织学习的变量间关系；网络权力的内涵、分类，其与分裂断层、知识共享的变量间关系。通过综述前人的研究成果，本书发现关于断层的研究大都集中于团队层面，而对于网络组织层面的研究仍存在较大的不足。具体到技术创新网络中，断层的概念界定尚不清晰，发挥作用的路径和方式方面的研究十分匮乏，组织学习同时考虑双元性和范围对组织间群体结果的影响机理尚不清晰，现有研究不能很好地解释群体层面知识共享的差异性，同时缺乏网络权力在断层效应中治理作用的相关研究。因此，本研究致力于完善并发展现有理论与实证研究，探索分裂断层在技术创新网络中对知识共享的作用机理。

❸

概念模型与研究假设

结合本书的研究主题，本章对主要的概念做出界定，建立了相关模型并提出假设。本章对分裂断层、组织学习、知识共享、网络权力等概念进行界定，对已有研究的不足之处进行探索，结合相关理论构建本章的概念模型，并从理论角度对分裂断层以及知识共享的影响做出探索；对组织学习在上述关系中的中介作用和网络权力在上述关系中的调节作用提出研究假设。

3.1 相关概念界定

3.1.1 分裂断层

对于断层的研究主要来自多样性理论。20 世纪 90 年代后，对创新能力等探索取得了相应成果，Lau 和 Murnighan（1998）从组织层面进行分析，提出了断层概念，借助人口属性中的若干特征组合，形成假想的分界线，把某一群体划分成两个或多个子群。随着研究的深入，团队断层方面的研究成果逐渐丰富，有学者开始关注在联盟组织和组织间层面的断层问题。Heidl 等（2014）以联盟组织为研究对象，考察断层对该类型组织的影响，研究发现，断层会分裂联盟中成员的关系，形成子群现象，并且当分裂加剧时，会导致联盟组织的意外消散。多伙伴联盟具有相应网络特点，对网络消散等方面进行结合能够对分裂断层做出较为深入的探索。在对已有的研究成果做出综合的考量后，本书认为在对分裂断层内涵进行界定时可以从以下两个方面分析：

第一，对多样性理论进行结合，技术创新网络中组织数量比较多，不同组织间存在着相应的企业背景以及网络特征等多样性。赵炎和王冰（2014）将网络中的这些结构属性称作资源型属性特点，包含网络成员内在的能力以及潜在的资源能力。因此，在线社群在进行共享的过程中，类别属性的边界会渐渐变弱，专业知识相似性边界会渐渐变强。在技术网络中会出现断层，产生局部凝聚等特殊结构的发展方向。

第二，从网络嵌入角度出发，组织具有关系嵌入性特点，并且创新网络中的组织关系略显多元化。以组织关系作为基础，创新网络中的企业会存在一定的信任度，这使企业之间互相帮助，互相合作，形成互利互惠的氛围。此外，这使企业选择与自身具有多重联系的企业来合作，进而产生技术创新网络中的结派行为（赵炎、孟庆时，2014）。如果网络成员感应到结派行为，那么技术创新网络中就会出现分裂，也就是体现出网络子群中的架构趋势。

因此，基于现有研究，并结合团队前期研究成果，在本书看来，分裂断层指的是在节点组织创新进程中，成员共享经验存在不同之处，进而引起网络内部分化趋势（党兴华等，2016；成泷等，2017）。并且，企业间伙伴选择过程是探讨分裂断层构成和分类的重要基础。在此基础上，根据组织间网络形成研究中的结构与构成视角（Wasserman，Faust，1994；Ji et al.，2015），以及创新网络形成研究中的多样性和嵌入性视角（Baum et al.，2010），将分裂断层划分为属性型分裂断层和关系型分裂断层两类。因此，本书的自变量主要有两个：属性型分裂断层和关系型分裂断层。属性型分裂断层对网络成员的个体属性以及特点较为注重，对网络中的分布进行了分析，指的是企业之间由于属性聚合所产生的经验共享程度不同，会引起整体网络内部分化趋势。因此，企业的属性特征是衡量属性型分裂断层的基础。关系型分裂断层主要对网络成员之间的关系以及分布状况进行分析与探索，指的是受到企业之间关系强度的影响而产生的经验共享不同，进而引起的整体网络内部分化趋势。企业关系探索与断层概念联系非常密切，这能够对企业寻找合作伙伴的行为做出有力解释（Dekker，2008），还有企业会选择同伴类型（Li et al.，2008）。这些探索很多都是以成本理论以及学习理论为基础。获得利益则是伙伴关系构成的前提，这些利益包括降低成本、资源和知识获取、结盟和合法性等（Cowan et al.，2015）。他们之间的共同点为：对信息收集等主要目的进行强调（Dekker、Abbeele，2010）。这与伙伴搜寻较为类似，合作经验在组织学习中占据非常重要的地位。

3.1.2 组织学习

组织双元性认为，在动态的竞争环境中，企业需同时开展高水平的探索式学习和利用式学习，具有较强的双元性是企业生存发展的关键因素。本书站在双元角度对组织学习进行探索。March（1991）指出了双元学习的概念，在他看来，双元学习指的是对探索式学习与利用式学习进行扩展。在对 March 理论进行分析时，学者们从不同角度对探索式学习以及利用式学习的含义进行划分，对国外学者的研究文献进行仔细梳理与探究，对其定义的界定主要集中在不同视角，如知识管理视角以及综合视角等。

站在知识管理视角层面做出分析，在 Katila 和 Ahuja（2002）看来，探索式学习指的是企业对新知识的探究与分析，其探索范围比较广，可运用搜索广度进行考察与衡量。利用式学习指的是企业对现有知识进行运用的频率，可运用搜索深度来对其进行衡量。在 Kane 和 Alavi（2007）看来，探索式学习指的是与新知识以及取代组织记忆中的内容相关的因素，运用利用式学习手段以及重建方式对目前的知识进行运用，这主要是增量学习。从组织创新角度进行分析，Benner 和 Tushman（2003）指出，探索式学习指不同技术轨道的变换，利用式学习则指对已经存在的工艺与流程做出改良。Li 和 Huang（2013）指出，探索式学习指的是对创新内容进行相关探索，促使新事物得以产生；而利用式学习指的是渐进式创新所需要提升的效率以及做出的改善，这些能够促使创新成果差异性变小。从综合视角进行分析，Wang 和 Rafiq（2014）认为，探索式学习指的是学习具有增值意义，其以个体层面作为基础，主要是发散过程；利用式学习指的是以组织层面为基础的学习，一般情况下属于聚合到整合的进程。

探索式学习和利用式学习已经成为组织学习的主导分析框架。因此，本书遵循 March 的观点，即在探索以及利用中都含有学习，利用式学习指的是对目前的知识以及技术所做的扩展，而探索式学习指的是对新知识以及新技术等的发掘。

陈国权和刘薇（2017）从学习范围和知识来源将组织学习分为内部学习与外部学习，外部学习指企业通过与其他组织进行跨边界合作获取外部资源和知识，并在组织内进行传播；内部学习指企业通过自身内部的资源和能力，加强组织内部沟通与交流，并在组织内产生和分享新知识。Holmqvist（2004）认为，利用式学习与探索式学习的相互作用既发生在组织内部，也发生在组织之间。组织内部学习包括群体、部门和团队分享经验，共同学习组织规则等；组织间学习过程是指通过正式组织在战略联盟和其他组织间进行协作，以利用和探索组织间规则的形式从经验中进行集体学习。进一步地，本书将学习范围与双元学习结合，从群体内与群体外学习两个方面考虑双元学习，形成四种组合，即群体内探索式学习与群体内利用式学习，群体外探索式学习与群体外利用式学习。

3.1.3　知识共享

日本著名学者野中郁次郎在 20 世纪提出了 SECI 模型，这个模型能够有效地解释在进行知识创造时个体以及群体对知识的互相转化。并且，在这个进程中，显性知识以及隐性知识的功能都能够被较好地体现出来，进而借助于知识共享达成知识创新的目标（Nonaka，Takeuchi，1995）。这能够引起学者们对知识共享的关注。吉迎东等（2014）建立了知识共享主博弈模型以对创新网络知识共享行为做出探索，在他们看来，技术创新网络知识共享能够促使网络竞争处于有利地位，并且受到共享稳定系数等的影响。

随着科学技术的不断更新与发展，技术越来越复杂，这也使企业技术创新面临新的挑战，技术创新网络的建立渐渐成为企业吸收外部知识、不断寻求合作的重要手段。关于技术创新网络知识共享的分析受到很多学者的青睐。技术创新网络知识共享与组织层面共享存在很大的差异性，这两者各有不同，技术创新需要广泛且准确的知识基础来进行支持，单个企业掌握的知识内容无法满足全部技术创新。企业之间实现知识共享与合作是创新网络的必然要求。每个企业都是独立的，在对技术创新网络进行处理时会与其他企业存在相关关系，不同企业间存在合作与竞争的关系，网络中不同节点联系更加密切，关系也更加多元，很多因素都会对技术创新网络知识共享产生影响，包括资源以及社会资本等。因此，技术创新网络中的知识共享是较为复杂的，包含很多问题，其与企业之间的竞争行为较为相似。

从多样性理论角度进行考量，社会资本拥有程度等因素都会影响创新网络中子群的构成，进而对子群间知识共享产生影响。对技术创新子群特点以及结构特征进行分析与整合能够定义，技术创新网络知识共享为子群间知识的流动与发散过程。技术创新网络知识共享能够促使网络技术创新水平得到提高，网络中知识共享程度会对子群之间的关系产生影响，共享程度越高，子群之间的联系就会越密切，对网络创新能力的影响也就越大。除此之外，通过这类借助知识的联系，网络中的竞合、信任等关系会越来越多元、越来越复杂。

3.1.4 网络权力

技术创新网络自身拥有很强的复杂性，其主要建立在知识架构基础之上，组织嵌入网络具有差异性特点，这促使组织间形成依赖关系，产生了组织间知识权力以及结构权力（魏龙、党兴华，2017；徐可等，2014）。

知识权力指的是组织对资源进行共享与分配，对组织中其他战略选择以及行为决策产生相关影响（孙永磊、党兴华，2013）。在技术创新网络中，知识属于创新活动中的重要资源，节点间的核心知识资源使知识权力得以产生（吉迎东等，2014）。因此，知识权力指的是企业对自身的资源进行配置与共享，对企业的决策以及行为进行掌控，进而产生相应的知识权力（孙永磊、党兴华，2013）。Ahituv 和 Carmi（2007）对企业知识权力的形成特点进行了分析与探索，在他们看来，能够对知识以及权力产生影响的因素包含两个方面：一是企业掌握资源的数量；二是企业对网络知识的控制能力。知识自身具有价值性以及稀缺性，这使具备知识的网络节点存在更大的吸引力，但是在企业知识网络中，具备知识资源并不表明企业会拥有更大的知识权力，权力配置还会受到企业网络结构的种种影响（Powell et al.，2005；芮正云、罗瑾琏，2017）。

结构权力指的是组织具备一定的位置优势，能够对其他组织的活动以及行为产生影响与制约（徐可等，2014）。在网络结构中，一些企业会具备较显著的优势，这类企业通常情况下能够对网络成员的活动以及行为进行影响，也会对网络发展形势进行操纵。也就是说，企业能够从关系网络中获得收益，这与企业网络位置（Network Position）相关。网络位置受到行动者关系建立的影响，在 Zaheer 和 Bell（2005）看来，网络位置会对企业的网络识别以及知识运用产生影响。在过去的种种探索中，学者从不同方面对企业的网络位置进行了刻画，具体包含中心性以及中介性等（Paruchuri，2010）。网络中心性能够对企业在网络之中的核心地位进行体现，从整体网络角度进行分析，中心度高表示企业与很多网络成员都具备一定的联系，在网络中一般被看作中心枢纽。中心度低表示企业在网络的边缘，网络中介性表明网络节点具有连接作用，这表明企业在局部网络角度具有一定重要性。对结构洞理论进行分析与探索可以看出，如果个别网络节点与不相连的节点存在一定联系，那么这个节点就会占有相应的结构洞位置，并起到桥梁作用（Burt，1992）。共同第三方能够对伙伴行为起到监督与管理作用，能够有效地抑制住机会主义行为的发展，更好地解决合作伙伴之间的矛盾与冲突，提高信任发展水平，预防破坏性分裂的产生与发展（Gulati，1998）。

3.2　模型构建

技术创新网络在企业参与合作与创新中起到非常重要的作用，能够为其贡献力量。但是在实际操作的进程中，网络成员之间连接并不是非常全面。技术创新网络属于整体概念，网络成员并不会与所有成员都建立起合作关系，这些成员只会选择与自身属性较为相似的伙伴进行合作。所以说，技术创新网络从根本上讲属于较为松散的网络，网络成员之间的合作关系也非常疏松。在用特定标准对网络边界以及创新网络进行探索时，能够看出技术创新网络中会存在局部联系较为紧密的子群现象（Sytch et al.，2011；赵红梅、王宏起，2013）。除此之外，站在群体角度对子群问题进行分析也是非常关注的。Lau 和 Murnighan（1998）认为，断层概念对团队子群的形成过程做出了细致分析与探讨，并且认为断层是形成子群的重要原因，其对团队结果的影响是非常大的。

3.2.1　分裂断层与知识共享的关系

在断层探索不断兴起的过程中，部分研究对断层理论做出了相应扩展。例如，Heidl 等（2014）把断层理论扩展到企业群体之中，这个探索运用到了分裂断层概念，在其看来，分裂断层能够促使子群的产生，会对多边联盟的稳定性有所影响。Zhang 等（2017）认为，风险投资（VC）也存在分裂断层风险，这为辛迪加网络带来协调方面的问题，这些探索为断层理论的扩展奠定了更加丰富的基础。但相关研究仍严重不足，分裂断层的研究尚处于探索阶段，其作用还不清晰。例如，在分析分裂断层效应时，虽然一些探索在理论角度对分裂断层做出分析，认为其会对企业产生不利影响（Heidl et al.，2014；Zhang et al.，2017），但是并不具有实证支持。在研究者看来，分裂断层会使群体内以及群体外都产生子群问题，会对群体运行结果产生一定的影响，但是具体分裂断层会对群体运营结果带来怎样的影响还并不是很明确。本书对团队前期的研究结果进行梳理与整合，认为分裂断层属于"先验"概念，属于创新网络中的固有属性；对分裂断层进行合理划分，将其分为两类：一是属性型分裂断层，二是关系型分裂断层；借助于对分裂断层知识共享模型的构建，认为分裂断层作为创新网络的潜在属性，会对参与合作的组织运行产生影响，并且这种影响不一致能够通过分裂断层作用进行解释。

在合作创新过程中，由于企业对网络中核心资源的掌握程度不是很好，且网络能力也具有一定的不同之处，外部环境较为复杂，所以为了节约创新成本，尽可能降低风险，企业会更愿意与自身属性较为相似的伙伴进行合作，即找到与自己的战略目标较为一致的企业，对其知识背景以及创新等进行分析，与知识背景以及创新理念都较为吻合的企业进行合作。在社会分类理论看来，个体会对自身以及其他群体进行划分与归类，找出群体内以及群体外的界限，对群体内的成员进行积极感知，对群体外的成员进行消极感知。社会认同理论表明，如果成员感知到其他成员与自身较为相似，那么他们就能够相互吸引，相应的认同感就会产生，并且会产生信任度。与此同时，对不是很相似的个体会产生消极印象。企业在进行技术创新过程中会进行合作。互相交流促使企业积累了一定的经验，在经验不断变多的背景下，企业间形成互惠合作氛围。企业间渐渐稳定的模式能够促使企业拥有更多的社会认同，这也会使企业间出现结派行为，进而促使网络子群的产生，呈现分裂断层形式。与整体网络进行对比可以看出，网络子群内部企业会存在较为明显的同质化趋势，其关系不断变得密切，网络子群内部的知识意愿水平不断变高，但子群间成员交流的意愿并不是很高。异质性知识在网络中的流动性不是很好，对于不含有共享经验的企业来说，进行知识共享是比较难的。分裂断层能够在一定程度上提升知识交流的频率，但是从整体网络角度进行分析，分裂断层对技术创新网络中的资源流动并不会产生积极作用，这对企业间知识共享也是不利的。

在企业选择潜在合作伙伴时，会更倾向于选择关系强度比较好的企业，进而会提升彼此的信任程度。在社会交换理论看来，企业之间的信任来自重复的交换活动。在平等互利原则的基础上，企业之间的交换以人际关系为基础，这能够提升企业间制度化的信任水平等。在创新网络之中，企业间的信任程度等都会在企业合作关系中得以存在。企业间建立相应的信任关系能够促使企业更好地认识彼此，也能够对企业创新过程中的冲突进行协调，节约交易成本（Elfenbein，Zenger，2014）。在整体网络中，企业会更乐于选择与自身属性较为相似，信任感更高的企业进行合作，但这些企业通常情况下都处在子群内部。一般情况下，在不同的网络子群中，企业之间的信任机制无法得到更好的构建，而分裂断层使企业之间的矛盾更多，合作起来更加困难，对知识的共享产生阻碍。从网络子群内部角度进行分析，这种选择偏好使不同的网络子群连接不是非常紧密，在一些网络子群中甚至并没有连接，这就使资源以及知识的流动途径变少，不利于整体网络的知识共享。

3.2.2　组织学习在分裂断层与知识共享间产生的中介作用

在分裂断层的相关研究中，学者们认为分裂断层通过形成子群进而影响群体或网络运行结果，但子群作为一种网络结构特征，它是如何影响网络运行结果的尚不清晰。本书经过一系列分析与探索得出结论，分裂断层属于创新网络的固有属性，一些理论表明分裂断层能对运行结果产生影响，但对如何影响缺乏深入研究；组织学习会对知识共享产生种种影响。组织学习能够提升组织的适应性，使组织更好地适应环境，也能够促使组织提升创新能力。在企业进行探索式学习的过程中，不断地从外部获得相关知识，这能够提升企业知识积累，也使组织对知识架构有更好的了解，灵活运用知识，对内部知识架构有更好的了解，形成多元化知识体系。对外部知识有更高的辨别能力，这对探索式学习的风险有降低作用，提升知识获取能力，提高知识的质量，使企业对知识的接受能力以及吸收能力都有所提升。企业在利用式学习手段的帮助下，可以对知识进行提取与挖掘，识别出潜在的机会以及威胁，积累到更多经验，拥有更加扎实的知识能力；对目前的技术以及流程进行改良，使组织借助制度手段对知识进行转化，将其转化成为隐性知识，并纳入利用式学习进程中，减少管理成本，更好地调动资源。

分裂断层对知识共享的作用主要体现在子群的形成。分裂断层促使创新网络中出现局部凝聚的子群，且子群内部连接紧密，而子群间连接稀疏。从整体网络层面来看，这阻碍了网络子群间的资源流动等。除此之外，在网络子群内部不同企业间的接触能够促使知识与资源更好地转移，节点之间企业联系更加紧密，有助于知识与资源在网络子群内的不同企业间转移、共享与吸收，进而导致网络子群内资源的同质化，促使整体网络知识水平下降。Greve 等（2010）对创新网络做出细致分析与探索，认为在同一个网络子群中的企业在行为手段以及创新目标中互相模仿，这种模仿使网络子群内部同质性更高。根据以上分析，本书认为网络子群中企业频繁的交流使子群内双元学习更强，减少了一个网络子群中的企业与子群外部或其他网络子群中企业的双元学习，即分裂断层能够对群体内与群体外组织学习产生差异性影响，进而影响创新网络中的知识转移与共享。鉴于分裂断层对知识共享的作用、组织学习对知识共享的作用，本书认为组织学习在分裂断层与知识共享间起到中介作用。通过构建分裂断层对知识共享的间接效用模型，对断层与组织学习理论进行整合，揭示出组织学习影响运行结果的体系。

3.2.3 网络权力的调节作用

从创新网络角度进行分析，企业在以下三种情况下占据优势权力地位：一是产业拥有核心的技术以及知识，或者产业能够提供较为重要的产品或者服务，企业能够更好地控制资金，对资源进行把控，较好地降低不确定性。所以，在创新过程中拥有一定的资金、知识支持，以及丰富的市场资源能够促使企业在创新网络中起到指导作用，其所拥有的权力相对来说也比较大。二是创新网络中的成员权力能够用其他成员的依赖程度进行衡量，其他成员对其越依赖，其自身权力也就会越大。企业网络权力主要来自企业的资源，企业想要对网络权力进行控制，就需要合理掌握异质性资源，企业所具备的稀缺资源数量越多，其就越无法被代替，其所能够获取的网络权力也就越大。三是知识权力能够对企业的合作与创新行为进行协调，这也是企业构建网络规范的重要方式。企业的知识权力越大，其治理能力也就会越好，作用也就越大（张巍、党兴华，2011）。基于知识的观点认为，知识是有价值的、无形的组织资源和能力的必要组成部分，最具战略意义的资源企业应该获得（Grant，1996）。对资源依赖理论进行分析与探索能够看出，企业对外部知识网络的依赖等从本质上讲是对知识资源的依赖。一些网络节点中包含相应知识要素，在组织间的关系中能够产生一定支配力量，也就是知识权力。

　　企业所在的不同网络位置是网络权力得以产生的原因，而处在中心位置的企业能够连接较多的网络节点，可以在组织成员中获得相应的信息以及资源等。Zaheer 和 Bell（2005）认为，处在结构洞的企业会借助于建立非冗余关系的手段来对信息共享渠道等进行运用，以此获取较为多样的资源并产生相应的网络权力。李琳和吴越（2014）把位置较为特殊的权力看作位置权力，在这之中，处于中心位置的权力被称为中心权力，而处在结构洞位置获取的权力被称为结构权力。相同合作伙伴的支持等也有助于降低动机不确定性等（Burt，Knez，1995）。共同关系也能够促使信息更好地流通，提高信息流通效率，进而促使信息流水平有所提升（Rowley，1997）。除此之外，相同的第三方能够对伙伴的活动与行为进行监管，防止机会主义行为的产生，合理解决其他伙伴间的矛盾，提高信任程度，尽可能遏制破坏性分析的形成。Paquin 和 Howard-Grenville（2013）站在网络编配角度对网络的形成过程进行理解，在他看来，编配者会向网络成员以及受众群体展示网络的价值，因此其会对编配行为进行改良，最开始是对成员合作进行鼓励，之后便对企业间互相合作产生种种影响。在 Sytch 和 Tatarynowicz（2014）看来，第三方的作用显著，其在三元结构中效果突出，在某些情况下，第三方能够扮演渔利者角色，获得相应的代理优势。从另一角度进行分析，为了防止三元结构中出现矛盾，第三方也能够遏制其他合作关系的产生，进而起到有利的推动作用。Reagans 等（2015）认为，第三方也被划分为不同种类，具体包括共同第三方以及非共同第三方，前者能够对知识转移产生相关的影响，而后者会对知识共享产生消极影响。Jonczyk 等（2016）认为，人员在角色晋升与转化的进程中，网络结构会在这个过程中获得一定的关系质量。在 Perry-Smith 和 Mannucci（2017）看来，网络关系以及结构在创新进程中会起到不同作用，在个别阶段起到积极作用的结构在其他阶段不一定起到积极作用，可能会起相反作用。由此，需要合理地对网络特点进行改变，这对创意产生与实现都是十分有利的。位置嵌入性使外围网络结构得以构建，权力不对称则使外围弱权力网络成员出现退出网络的现象（常红锦等，2013）。Shipilov 等（2011）认为，如果企业处在中心位置，那么其会根据自身绩效目标对伙伴进行选择，它们一般倾向于选择目标相符的企业作为自己的合作伙伴；如果绩效愿景与之前的预期不符，那么企业会改变自身的战略，选择地位与自身较为相似的伙伴进行合作。Yin 等（2012）提出，如果联盟网络中存在的成员数量变多，那么企业在前期的中心位置就会更具优势，在网络中的影响力就会更大。Clement 等（2018）站在经济角度对法国游戏行业进行了分析，其认为处于中心位置的企业会对跨群运动更加关注，所投入的时间也会更多，从而呈现负面效应。本书认为网络权力会对分裂断层与知识共享间的关系起到调节作用。

基于以上分析，可以看出分裂断层通过形成子群，能够对技术创新网络中的知识共享产生差异性影响，但对分裂断层如何影响知识共享缺乏关注。为了打开分裂断层如何影响知识共享的黑箱，本书通过分析发现，分裂断层对网络运行结果的正负效应可以从群体内与群体外两个方面进行分析。一方面，分裂断层通过形成子群，会促进群体内成员之间的交流与合作；另一方面，子群的形成也会导致群体内成员与群体外成员之间的冲突与不信任。分裂断层对群体内与群体外成员间互动过程的影响，会最终反映在群体内与群体外成员之间的学习行为上。由于组织学习已经被证明是知识共享的重要影响因素，所以本书将分裂断层、组织学习与知识共享纳入同一研究框架，并从群体内与群体外两个方面解析组织学习与知识共享，研究分裂断层如何通过组织学习作用于知识共享。也就是说，本书认为分裂断层对组织学习的不同维度（群体内组织学习和群体外组织学习）的影响存在差异，这种差异导致分裂断层对不同知识共享（群体内知识共享和群体外知识共享）的影响也存在差异，即组织学习在分裂断层和知识共享间起到中介作用。此外，分裂断层对不同知识共享的差异性作用，还可能受到其他因素的影响。考虑到网络权力在技术创新网络治理中的重要作用，尤其是在知识共享中的治理作用，本书认为网络权力会在分裂断层与知识共享的关系中起到调节作用。因此，本书将上述变量综合起来加以分析，提出概念模型，如图3-1所示。

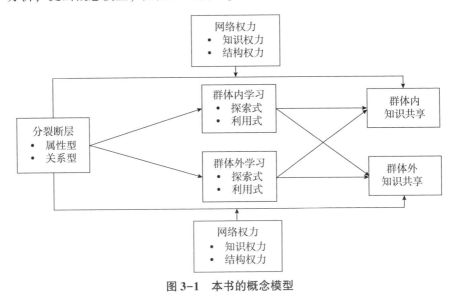

图3-1 本书的概念模型

3.3　研究假设

3.3.1　分裂断层与组织学习

3.3.1.1　属性型分裂断层对组织学习的影响

在创新网络中，组织学习是企业在伙伴间互动过程中对以往经验和知识的编码过程，是企业不断获取新知识、修正自身行为以增强适应力和创新能力的过程。这个过程会受到网络成员间认知、知识、地理、组织背景等属性多样性或接近性的影响。相关研究表明，接近性过低或过高都可能破坏创新（Boschma，2005；Balland et al.，2015）。从认知距离来看，创新网络可能由企业、大学、科研机构等组织构成，这意味着由于参与的组织类型不同而存在巨大的结构异质性（Mitsuhashi，Min，2016）。这种异质性或多样性会带来网络成员间的认知多样性（Di Vincenzo，Mascia，2012）。一方面，这种多样性增强了创造性解决问题的能力，并允许网络成员间分享不同的知识、技能、信息和经验（Schilling，Phelps，2007）。另一方面，这种多样性扩大了伙伴间的认知距离，导致对伙伴间吸收能力的负面影响（Gilsing et al.，2008）。因此，当认知多样性较低时，会更有利于利用式学习；而当认知多样性较高时，更有利于探索式学习（Rothaermel，Deeds，2004）。从技术距离来看，技术上的接近性对企业间的学习是非常重要的，这是因为没有一些共同的知识基础，就不可能相互交流和吸收知识（Boschma，2005）。但如果技术相似性过大，又会减少新颖性和多样化知识来源。因此，技术相似性会更有利于利用式学习（Gilsing et al.，2008）。从地理距离来看，一方面，地理上的接近性为组织间提供更多进行面对面互动的机会，从而可以相互获取和学习隐性知识（Reagans et al.，

2015）。另一方面，空间的亲密性可以及时监测合作伙伴，促进合作惯例的形成，减少合作过程中的危害、风险和机会主义（Reuer，Lahiri，2014）。但是，过多的本地合作将导致区域锁定和认知负担（Henn，Bathelt，2018），不能提供获取新颖性知识的途径。因此，地理上的接近更有助于利用式学习，但过于接近可能会减少探索式学习的可能性（Sedita et al.，2016）。从组织距离来看，由于工作语言、组织结构和管理风格相似，组织接近的企业间在知识共享和学习过程中会更有效率。一方面，组织接近性提供了稳定的条件和一致的环境，能够增强信任、促进协调和知识转移（Boschma，2005）。另一方面，组织接近性将减少机会主义行为的不确定性。因此，组织接近性对探索式学习与利用式学习都有利（Nan et al.，2018）。上述分析表明，现有研究总体上从效率和新颖性两个方面分析了不同属性的接近性对利用式学习和探索式学习的积极作用和消极作用。在此基础上，本书结合群体内与群体外两个方面分析由多个属性聚合引发的属性型分裂断层对组织学习的影响。

对群体内企业间合作而言，属性型分裂断层能够缓解异质性成员引起的网络关系紧张。创新网络涉及不同的异质性成员（Corsaro et al.，2012），他们有不同的目标、动机、资源和能力。因此，创新网络往往表现出一定程度的关系紧张（Ritala et al.，2017），这会对组织间学习过程产生影响。异质性成员之间的合作竞争关系带来了知识共享与保护之间的矛盾，合作有助于有效的知识整合，因为相互竞争的参与者共享行业和技术，但与此同时，不必要的知识溢出风险也大大增加（Gnyawali，Park，2011）。也就是说，异质性成员之间的创新活动总是与不同程度的不确定性、模糊性和风险承担相关。企业在创新网络中始终面临着知识共享和保护的悖论（Jarvenpaa，Majchrzak，2016）。Laursen 和 Salter（2014）把这称为开放的悖论，分享的好处显而易见，但与此同时，与之相关的风险也在不断增加。属性型分裂断层会在创新网络中引发群体内与群体外的子群问题，由于分裂断层增强了群体内成员间的信任与交换，会对他们的紧张关系起到协调作用。处于群体内的成员在认知、知识、地理和组织背景等方面具有较高的相似度，彼此更容易相互认同，从而有利于群体内成员间的相互学习。

属性型分裂断层也能够增强群体内成员间的吸收能力。吸收能力作为组织间学习的一个至关重要的因素，对组织间内部资源和外部资源之间的相互作用产生影响（Hervas-Oliver、Albors-Garrigos，2009）。属性型分裂断层导致群体内成员间有较高的相似性，而相关研究表明，有相似特征的伙伴间互动比没有相似特征的伙伴间互动更多（Schilling，Phelps，2007）。借助于群内成员的交流，在企业交换过程中，新的知识能够被更好地体会，企业之间的知识也能够更好地转移，因此，复杂知识的扩散也是非常重要的。通过冗余的知识和信息流动，子群内网络成员能够更好地利用相同或相似的技术机会。这种伙伴间在属性上的聚类允许快速交换和集成广泛的资源，从而产生更大的知识创造，改进信息的传输与合作伙伴间的吸收水平（Sytch，Tatarynowicz，2014）。此外，群体内的属性聚类过程也与伙伴关系模式存在一定联系，也就是企业越相似，就越可能形成组织关系（Powell et al.，2005）。例如，一些研究认为，组织文化或是经验较为相似能够促使企业互相吸引，防止矛盾的产生（Lavie et al.，2012）。相似性也能够促使子群成员对技术以及市场进行关注，这都将有利于群体内成员间的相互学习。

尽管属性聚合引发的属性型分裂断层能够促进群体内学习，但对不同学习方式的作用程度存在差异。随着属性型分裂断层的不断增强，群体内成员间的相似性也不断增强，分裂断层带来的凝聚性和同质化过程会促进群体内企业间的利用式学习。凝聚性和相似性的增强会促进企业间达成共识，实现彼此的相互认同，并达成合作规范，有利于企业间合作时对彼此现有知识的吸收与消化。同时，强大的信任机制的逐渐建立，也将有利于企业间经验的重复，形成网络惯例，提高学习效率。然而，凝聚性和同质化的提高会影响网络成员对新颖性知识的探索过程。群体内成员之间存在相似之处，这使他们在很多方面都存在同质化，进而促使群内成员在行为和偏好等方面产生同质性，造成信息冗余。虽然创新网络本身具有成员异质性的特征，但属性聚集所引发的属性型分裂断层仍会带来一定程度的同质化倾向。由于探索式学习需要组织从已知的知识开始，试验不同的技术，并开发新的技术和市场机会，所以它更倾向于探索技术领域内和跨技术领域的知识元素的组合机会，对知识的多样性有较高要求（Yan et al.，2018）。基于此，本书认为，相对于群体内探索式学习而言，属性型分裂断层对群体内利用式学习的正向作用更大。因此，提出以下假设：

H1a：属性型分裂断层正向影响群体内企业间的学习，并且相对于群体内探索式学习而言，属性型分裂断层对群体内利用式学习的作用更强。

对群体外企业间合作而言，属性型分裂断层会阻碍群体内企业与群体外或群体间企业的合作交流。因为属性型分裂断层会引发群体内与群体外的子群问题，所以同一子群内的企业间知识可能具有相似性，这种相似性有利于企业间在构建技能、知识和专有技术方面进行合作（Vlǎsceanu，2014）。子群不同，企业知识异质性就会比较强，群内相似性以及群体间异质性会使子群间知识转移速度下降，吸收强度变低。与此同时，子群内企业间连接的密度更好，这使知识流动速度更快，但子群间较为疏松的网络连接也使企业交流不是非常顺畅。子群中知识异质性与子群在整体网络之中的独立性有关。（Sytch，Tatarynowicz，2014）。如果不同子群之间被严重隔离，只通过网络路径进行连接，那么知识以及信息的流动都会受到阻碍，资源流动会遇到很大困难，使知识以及信息流在子群间的流动受到很大阻碍。并且，子群也导致网络成员与整体网络间沟通不畅，一些成员获取不到所有的知识，对网络中异质性很强的知识不够充分了解，因此，这使网络子群之间知识异质性不断提升，不利于企业之间的学习。

属性型分裂断层还通过加剧竞争而阻碍群体内与群体外企业间的合作。属性型分裂断层将导致群体间的联系变少，从而引起群体间的竞争（Clement et al.，2018）。位于不同群体的企业不太可能相互信任（Gomes-casseres，1994）。企业很容易让自己受制于合伙人的机会主义风险，如合伙人很少努力分享和转移新知识，甚至终止合伙关系。这些导致了知识转移成本的急剧增加（Coleman，1988）。并且，过多的外部异质知识对企业造成信息处理压力，企业将减少群体外合作，这是因为处理异质性信息既昂贵又耗时。此外，为了预防知识的泄露，群体内企业会对知识转移进行管理，尽可能避免知识转移到非群体成员之中（Heidl et al.，2014），这不利于整体网络中成员规范的构建。一些群体企业在进行合作时会对当前合作进行考量，认为当前合作并不是十分公平有效的，并且群体内成员会互相猜疑，这使合作伙伴对自身知识进行保护，信任感不强，矛盾比较多，分裂断层会阻碍群体内与群体外企业间的相互学习过程。

尽管属性聚合引发的属性型分裂断层能够阻碍群体外学习，但对不同学习方式的作用程度存在差异。因为属性型分裂断层所引发的群体内与群体外间的问题，会引发群体内的相似性以及群体外的差异性等，所以无论是群体内的技术锁定与网络僵化惰化，还是群体内与群体外的竞争与偏见，抑或是群体内与群体外的合作交流减少，不同群体成员对自身知识的保护等，都会对企业从群体外获取新颖性知识产生更大的影响。基于此，本书认为，相对于群体外利用式学习而言，属性型分裂断层对群体外探索式学习的负向作用更大。因此，提出假设：

H1b：属性型分裂断层负向影响群体内与群体外企业间的学习，并且相对于群体外利用式学习而言，属性型分裂断层对群体外探索式学习的作用更强。

3.3.1.2 关系型分裂断层对组织学习的影响

组织学习过程也会受到关系型分裂断层的影响。与属性型分裂断层通过属性聚合产生群体内与群体外子群问题不同，关系型分裂断层通过企业间直接的合作关系聚合产生子群问题。对群体内企业间合作而言，关系型分裂断层能够加强群体内凝聚力。凝聚力是指参与者通过内聚联系直接连接到彼此的程度（Borgatti，Halgin，2011），合作伙伴之间的这些联系构成了网络成员的重要信息和资源来源。社会资本理论强调凝聚力在网络中的治理作用（Mayer，Argyres，2004），因为这些联系促进了共享的行为规范和合作（Bendoly et al.，2014），并通过重复接触增加了互信、互惠和长期视角（Bessant et al.，2014）。一些研究证实，网络成员在密集的凝聚性网络中互相合作，这有助于规范环境的产生与发展，使网络子群中社会凝聚性变强（Gargiulo，Benassi，2000）。对于群体外成员来说，凝聚性群体成员间的合作关系更强，其借助于凝聚性手段产生正式治理等（Mcevily，Marcus，2005），对知识以及信息进行更有效的推动，使其更好地在企业之间流动。通过群体内密集的连接，能够促使企业与群内成员进行更好的沟通，网络距离以及成本都很低，这能够促使企业获得相应资源。企业之间的较好配合能够促使凝聚团体新品设计以及营销方面都有进展（Bell，2005）。

关系型分裂断层能够加强群体内成员间的相互认同感。通过加强群体内的凝聚力，关系型分裂断层还能促进群体内成员的社会认同感，提升企业相互信任水平，这能够促使群体内成员较好地相互学习（Ozer，Zhang，2015）。就群体认同而言，群体内成员之间频繁而密集的互动是凝聚、信任和互惠的载体。反之这些又有助于培养群体内成员间的认同感（Clement et al.，2018）。企业更愿意将自己定位为当前群体内的一部分，而不仅仅是整体网络的一部分（Knoke，2009）。群体认同使群内成员能够相互促进，通过组织学习创造效率，并帮助他们避免竞争引起的摩擦。反之，位于不同群体的成员更有竞争力，与其他成员的认同感更低。因此，不同群体成员间学习的意愿和可靠性也降低了（Sonenshein et al.，2017）。研究表明，当企业和合作伙伴属于同一个高度凝聚力的群体时，知识和社会规范更容易扩散，从而促进企业之间的互惠性和风险分担（Zhang et al.，2020）。反之，当企业及其合作伙伴属于不同的群体时，知识和规范的扩散受到各自群体之间稀疏联系的抑制（Sytch et al.，2012）。因此，与位于不同群体的企业相比，作为合作伙伴的企业将从更有效的知识交换中获益（Sytch，Tatarynowicz，2014）。由于关系型分裂断层的影响，群体内成员间的关系比网络中的其他成员更密切。这种群体内与群体外的子群问题不仅区分了知识在网络中的分布，还可以通过成员之间的互动划分群体身份。群体内和群体外的知识互动与知识进化有着不同模式（Jacob，Duysters，2017）。群体内企业互相配合，互相协作，彼此间的承诺变多，伙伴间更加信任，联系不断变得密切，有利于企业间的学习过程。

关系型分裂断层能够提高群体内成员间的信息质量和信任。关系型分裂断层是企业间关系强度的不均匀分布导致的，关系紧密的企业间容易形成凝聚力子群，而凝聚力子群又会进一步加强群体内企业间的关系强度。在企业间频繁的互动过程中，关系强度的提升会加强企业在群体内的嵌入程度（Yan，Guan，2018）。通过衡量彼此之间交换信息和信任的能力，合作的强度表明了伙伴之间关系的质量。高水平的协作强度意味着合作伙伴投入了大量时间和精力来帮助彼此，导致彼此之间信任程度更高。已有研究表明，当企业面临不确定性时，强关系具有很高的价值，这是因为强关系为企业进行技术创新提供了一个可持续的信息流。长期形成的互利关系提高了双方加大技术创新投入的意愿，形成了合力解决问题的合作模式（Uzzi，1997）。强关系给企业带来的利益主要表现在两个方面：一方面强关系促进了高质量信息和隐性知识的传递；另一方面，企业之间通过紧密联系产生信任是社会机制的一部分，有助于避免机会主义。企业之间转移的知识是复杂的还是简单的，影响着企业通过合作所获得的收益。通常，涉及核心技术的系统知识和复杂知识不会与企业关系不密切的合作伙伴共享。因此，关系紧密的企业更有动力去交流复杂的知识。而且，由于复杂知识的传递和吸收需要丰富的背景知识和补充知识，只有互动频繁的企业才能在利用式学习中快速获取复杂知识。利用式学习是对现有的技术的利用和改进，需要积累特定领域的知识。紧密的联系在网络成员之间产生了密切的关系，从而促进了一个领域的复杂知识。因此，牢固的关系建立起组织信任。当企业愿意提供相关知识时，通过利用式学习加强信息获取和知识应用。群体内组织之间进行知识和信息交换的信息共享机制形成了组织记忆，其有助于不断学习，激励持续创新，从而促进创新网络中紧密联系的形成。

尽管关系型分裂断层能够促进群体内学习，但对不同学习方式的作用程度存在差异。一方面，关系型分裂断层增强了群体内凝聚力、认同感和信任水平，进一步导致群体内成员在学习过程中更倾向于本地搜寻策略。

在本地搜索的过程中，对累积性知识的重用和细化在创新方面提供了显著的优势，如利用企业特有的技术能力，增强组织内的隐性知识，减少发明的不确定性，以及由既定搜寻惯例形成的学习经济（Qiu et al.，2017）。然而，利用式学习过程产生的路径依赖可能导致沿着不同的技术轨迹错过新的技术机会，最终导致核心僵化和技术锁定。探索式学习需要将遥远的技术融合在一起，带来更多的突破，甚至是激进的创新。因此，探索式学习需要扩大技术搜寻的范围和距离，以获得更广泛的技术机会，增加累积知识的多样性（Corradini，De Propris，2017）。另一方面，关系型分裂断层增强了群体内企业间的合作紧密度，虽然这确保了更大数量的信息，但也限制了获取新颖性信息的潜力（Tseng et al.，2016）。因此，本书认为关系型分裂断层对群体内探索式学习与利用式学习影响程度不同。利用式学习需要通过对当前惯例的经验细化和重用获得信息（Baum et al.，2000）。关系型分裂断层产生的紧密关系、信任、本地搜寻等，能够在更大程度上促进对现有技术的细化、降低不确定性和搜寻成本（Yan，Guan，2018）。相对而言，探索式学习对新颖性信息要求较高，关系型分裂断层产生的凝聚力、信任等对探索式学习作用程度不大。基于此，本书提出如下假设：

H1c：关系型分裂断层正向影响群体内企业间的学习，并且相对于群体内探索式学习而言，关系型分裂断层对群体内利用式学习的作用更强。

对群体外学习而言，关系型分裂断层会阻碍群体内企业与群体外或群体间企业的学习过程。这是因为关系型分裂断层引起的群体内与群体外的子群问题，在创新网络中产生了子群边界，这种边界使企业间的学习存在差异，群体内的企业之间互动学习频繁，而群体外的企业之间互动学习较少。不同群体之间存在潜在的竞争，这不利于群体外企业的学习，对其产生消极的阻碍作用。子群的形成必将从忠诚期望的角度，约束子群内成员的外延合作行为，最终保证只能与子群内成员展开合作（Gulati et al.，2000）。

除了关系的约束作用，隔离也是关系型分裂断层的另一个作用。企业融入具有和谐伙伴关系的子群后，意味着该企业丧失了与其他竞争企业建立伙伴关系的机会，由于竞争的存在，其他子群内的企业同样会被阻止寻求子群外的合作，潜在合作机会的失去，只能令企业继续维持与子群内企业的合作关系，并有强化的趋势（Duysters，Lemmens，2003）。同时，已有合作关系的成员间会产生关系惯性，惯性约束造成认知锁定（Gargiulo，Benassi，2000）。认知锁定将本可进入子群的重要信息排除在外，客观上形成子群之间企业群体的隔离。成员相似性以及关系惯性的存在，被强化为成员认可子群内合作的共同意志，嵌入的过度状态不可避免地出现（Uzzi，1997），子群间成员的学习机会由此丧失，创新因此很大程度上被抑制。随着时间的推移，子群的进入壁垒不断被加强，子群内的企业只能与群内企业展开合作。因此，关系型分裂断层会阻碍群体外企业间的学习。

尽管关系聚合引发的关系型分裂断层能够阻碍群体外学习，但对不同学习方式的作用程度存在差异。这是因为根据强关系与弱关系理论，强关系是传递隐性知识的合适渠道，而弱关系是获取新信息的管道（Gilsing et al.，2008）。虽然关系型分裂断层阻碍了群体间的互动学习频率，但由于弱关系具有低成本和低信息冗余的优点，群体内与群体外企业间的弱关系会为探索式学习带来必要的新颖性信息，且低交互频率的弱关系很少受到网络的限制，更容易独立行动。这种独立性使新知识的探索和挖掘更容易与现有知识分离。这种企业在知识创新中的独立性的形成促进了探索性学习（Hansen，1999）。基于此，本书认为，相对于群体外利用式学习而言，关系型分裂断层对群体外探索式学习的负向作用更小。因此，提出如下假设：

H1d：关系型分裂断层负向影响群体内与群体外企业间的学习，并且相对于群体外探索式学习而言，关系型分裂断层对群体外利用式学习的作用更强。

3.3.2　分裂断层与知识共享

3.3.2.1　属性型分裂断层对知识共享的影响

在断层理论看来，相似性对个体社会认同的提升具有非常显著的作用，使个体乐于找与自身属性较为相似的团体进行合作（Perry-Smith，2014）。但是，这会产生一定的沟通问题，使子群间的冲突变多，对群体成员的行动预期也十分不利，对成员的共同理解形成比较大的阻碍效果（Ou et al.，2017）。断层加剧了群体之中的分裂现象，也使信任度变高，这对子群凝聚力的提升有非常大的效果，促使群体内以及群体外归属问题的产生（Lau，Murnighan，2005）。如果企业投入了很多时间以及精力对裂痕进行缓解，那么其在目标实现过程中投入的精力就会相应变少（Li，Hambrick，2005），成员间的沟通问题也不利于知识的交流（Lau，Murnighan，2005）。对经验进行分享的成员与不分享经验的成员会构成不同类别的子群，对经验进行分享的群体一般来说凝聚力都比较高（Mcpherson et al.，2001）。这种小团体提升了成员之间的信任度，使其关系更加密切。例如，以地理以及民族断层为基础的矛盾使内部信任感变低（Polzer et al.，2006）。同样，人口属性具备一定的差异性，这使断层引起团队的矛盾（Li，Hambrick，2005）。因此，强断层被证明对组织绩效具有负面影响（Bezrukova et al.，2016）。断层矛盾等不利于知识的融会贯通（Lau，Murnighan，2005），断层也会阻碍成员间的知识共享。

个体间的相似性使群体内、群体外问题出现，企业对资源的合理分配也使企业互相进行协作（Lane，Lubatkin，1998）。对技术密集型行业做出探索可以得知，企业间的合作往往会面临较大的不确定性，伙伴间的相似性对企业知识吸收水平的提升也十分有利，能够促使企业间更好地进行合作。拥有更多相似性属性的组织，或在社会或物理空间上临近的组织间更容易建立连接。在社会认同理论看来，相似性能够促使网络成员形象有所提升，进而与自身较为相似的成员互相吸引，因此，交互性使网络成员互相吸引（Brass et al.，1998）。对社会理论进行梳理与探索能够看出，在企业寻找相应合作伙伴的过程中，会依据相应标准对潜在合作者进行估计与评判，并且对其进行划分。同质性群体可以使成员间的属性得到较好划分，提高群内成员的一致程度，并对外部成员进行排除。除此之外，站在交易成本理论角度进行分析，对不同异质性企业进行协调能够使交易成本有所提升，这对创新来说是十分不利的，因此，相似性为社会网络结构塑造贡献了力量（Anderson et al.，2015）。这既可以表现在战略、技术、地位、地理等业务层面，也可以体现在文化、身份、结构等组织层面。在伙伴对相似性有感应的过程中，会借助于促进协调性来提高伙伴间关系的稳定程度（Bruyaka et al.，2018）。

节点层面的相似性以及动态性等会使社会关系得以聚集，进而产生派系（Ahuja et al.，2012）。相似性使企业之间的经验得到较好的分享。在不同属性集合的情况下，相似性能够产生很大的凝聚力量。这样的凝聚力也促使技术创新网络得以分裂，变为不同的子群。异质性企业则不被包含在凝聚子群之中。企业相似属性越多，凝聚力量也就越强。也就是说，如果两个企业的属性较为类似，那么其相互关系就更容易形成，属性聚合产生的分裂断层强度就会更高。如果位置较近的企业所具有的知识也较为相似，那么搜寻成本就会很大程度上变低，知识益处本地化趋势更加明显；并且，知识互相吸引作用会变得更强。在相同的区域中，知识相似的企业在进行交互时，其信任程度以及知识共享都会变强，合作关系也会变得稳定。在企业间距离变长的背景下，知识差异性不利于相互理解（Reuer，Lahiri，2014）。如果两个企业的位置不是很近，并且知识差异性也很强，那么企业间的关系难以形成。在多样性很强的技术创新网络中，同质性企业的凝聚力会比较强。技术语言以及问题解决手段不尽相同。多样性的发展使子群的吸引力变强，这对子群间的互动来说是十分不利的，会对其产生很大阻碍，也使子群间的矛盾有所扩展。在知识属性与地理属性叠加的背景下，子群间的知识共享也会变少。依据相似性选择理论，企业越相似，组织关系就越容易构成（Powell et al.，2005），组织身份类似，文化以及社会关系等就会更相似（曾德明等，2014），这有助于企业之间认知的发展，促使世界感悟手段变得一致（李琳、张宇，2015）。除此之外，身份相似的成员辨识子群归属也会更加容易（Garton，Cummings，2013）。如果企业的身份背景较为类似，那么企业与子群外企业共享信息的趋势就会减少。受到负面的影响，分裂断层对子群间的知识流动起到阻碍作用。

如果不同属性在企业间的聚合程度比较高，那么合作伙伴相似性会引起比较强的分裂断层，这使技术创新网络被划分为不同子群，子群凝聚力也比较强（Li，Hambrick，2005）。群体内与群体外成员存在矛盾，且有竞争意识，因此，子群内部就会更加紧密地联系在一起，而不同子群间的联系不强（Yang，Hexmoor，2004）。

因此，由异质性企业之间的交流障碍所产生的分裂断层，会使技术创新网络受到相应的影响。分裂断层不断加强，子群内知识流动就会变强，子群内外不平等关系会被放大。由于缺乏信任和可能的冲突，遵从局部子群的交易规范和凝聚力关系，分裂断层使群体间的知识共享受到阻碍，虽然整体的知识池会不断变高，但是子群内外的企业能够接收到的新知识是有限的。因此，提出如下假设：

H2a：属性型分裂断层对群体内企业间的知识共享有正向影响。

H2b：属性型分裂断层负向影响群体内与群体外企业间的知识共享。

3.3.2.2 关系型分裂断层对知识共享的影响

相似性引起的企业间的经验共享是一种间接效应，如类别相同的归属感使企业更想要达成相同愿景，促使经验分享得以达成。除了通过类别间接共享以外，经验也能够促使企业达成共享目标。历史合作关系有利于促使企业更好地合作。对关系嵌入进行探索能够看出，在前期沟通以及学习的基础上，强关系能够促使伙伴间的熟悉度变高（Gefen et al.，2003）。这促使伙伴间的理解更加深入，对其行为进行合理预测（Schilke，Cook，2015）。在时间不断流逝的背景之下，伙伴间的交互变得更加深入，关系导向使工具性有所降低（Uzzi，1997）。企业间的嵌入性比较强，这会提升关系的稳定程度以及任务的依赖程度，进而使重复关系得以构建。除此之外，长期关系也不容易消散（Greve，Rogan，2014）。关系嵌入能够促使伙伴间的行为得到更好的规范，使其理解程度变高，对风险的担忧变低，促使关系搜寻成本变低。关系嵌入借助于对社会以及经济方面程度的提升来对关系稳定性进行降低（Bruyaka et al.，2017）。信任与承诺都是重要的协调机制，是伙伴选择和评估过程中的重要影响因素，能够降低合作伙伴对机会主义行为和不确定性的担忧，使交易成本最小化（Shah，Swaminathan，2008）。这类信任等来自企业历史合作中的利益交流，能够提高企业利益水平，帮助企业建立信息。并且，历史合作关系还能够促使企业对行为模式进行学习与分析，这对企业的合作是十分有利的，能够有效防止机会主义的产生（Lioukas，Reuer，2015）。站在资源获取角度进行分析，企业能够借助历史合作来对资源进行分析，获取一定的经济价值（Liu，Ravichandran，2015）。这么做有助于企业知识吸收能力的提升，对企业知识转移效率的提高具有积极作用，可以有效减少机会主义风险（Li，Ferreira，2008）。

历史合作关系对很多方面都能够产生影响，具体包括伙伴选择趋势以及群体凝聚性等，可以从社会资本角度以及交易角度对其进行分析与探索。在社会资本理论看来，企业伙伴选择行为对直接以及间接关系进行依赖（Oh et al.，2004），在合作进程中会建立起相应的规范，这对降低企业机会主义风险是非常有力的。在交易成本看来，企业对合作较为关注，在合作中花费了很多时间以及精力，这使沉没成本得以产生，在短期内找到新的伙伴会带来比较大的转换风险（Duysters，Lemmens，2003）。因此，对便利性以及成本性进行综合的梳理与分析可以看出，企业一般情况下乐于采用本地搜寻的手段来使伙伴关系产生。本地搜寻在企业合作伙伴选择中占据较高地位的分裂断层对子群间的知识流动起到阻碍作用。

这一类本地搜寻使企业之间构建起信任以及优先连接体系。与伙伴合作的时间比较长，企业间会形成较为稳定的小群体（Hagedoorn et al.，2011）。

历史关系拥有提升便利程度以及降低成本等优势，除此之外，还能够运用新知识提升企业素质，使企业有更多接触新知识的机会。如此一来，其多样性会变强，充足机会自然而然会变多，知识共享目的得以达成。企业距离中心越近，对企业技术知识进行控制的程度就越强，因此，企业距离会对其控制能力产生影响，能够提升企业的声誉以及地位。企业在对新伙伴进行选择时也会面临目前伙伴带来的压力，进而对已有关系连接进行复制（Duysters，Lemmens，2003）。与此同时，如果企业与一些企业群体建立了比较强的联系，那么其会对群外关系的构建起到阻碍作用，其主要目的是防止知识的泄露。这使网络中的派系现象有所增强，熟悉的企业能够促使成本降低，派系的合作效率也会有所提升（吕一博等，2015）。

以上种种探索表明，企业在选择伙伴时会受到历史关系的影响，对历史合作关系依赖程度比较高。无论是从信任以及规范角度，还是从交易成本角度进行分析，企业会选择具有一定关系的伙伴进行合作。当然，伙伴选择的"路径依赖"性也带来知识同质化、网络僵化和固化、技术锁定等不利影响（Hagedoorn et al.，2011）。但是，这些影响更多地体现在局部二元关系层面。例如，本地搜寻往往也会带来一些问题，如信息冗余和技术的相似性等。因此，当与不熟悉的企业合作带来的利益可能大于所面临的不确定性时，企业往往也会通过远程搜寻进行伙伴选择，以获取新颖性的信息和资源。但是，由于已经建立的关系成本优势，这种远程搜寻行为并不频繁，其在很大程度上会被看作子群间的桥梁，而非凝聚子群所产生的驱动力（Rosenkopf，Padula，2008）。因此，站在网络结构角度进行分析，关系嵌入性使群体凝聚力得以产生，但是，关系嵌入性表示伙伴选择的趋势，这可能不会引起子群构成（Cowan，Jonard，2009）。在技术创新网络中，企业间关系的嵌入使经验贡献存在差异性，并且出现断层。在技术创新网络中，伙伴关系的强度相对来说较强，网络会凝聚成一个整体，并且不会被分为较多子群或者派系。在关系强度分布不是很均匀的背景下，企业之间的经验共享也会产生一定差异，只有在这种差异性引起伙伴间的信任以及关系发生变化时，网络才会分裂成不同子群。在技术创新网络进行合作时，企业精力不是非常旺盛，不能够与所有网络成员都维持较好的联系。在企业与特定伙伴维持较强关系时，与另外一些伙伴只能维持不是很强的联系。在关系较强的伙伴中，凝聚力也会变强，而在较弱的伙伴关系中，凝聚力不会很强。强关系能够提高企业之间的信任程度，提升凝聚力，也会使网络结构产生分裂，这种关系会对伙伴以及相应的规范起到限制作用（Granovetter，1985）。Heidl 等（2014）认为，受到信任等矛盾影响，历史关系引起的分类断层对子群内与子群外成员的知识共享都不是非常有利。

在企业关系强度分布并不是非常均匀的背景下，分裂断层相对来说就会比较强。在这时，共享程度相对较高的企业价值观以及信任程度都比较高，其借助于密集联系构成凝聚性较强的子群，对合作的预期也会相应变低，甚至会退出合作（Arino et al.，1998）。群内与群外的合作以及竞争使群成员间的矛盾变强，不信任度变高。子群内与子群外的不信任程度就会不断提升（党兴华等，2016）。子群内与子群外的成员互相怀疑，这使合作伙伴会对自身的知识进行封闭与保护，分享知识的意愿变低。总而言之，关系强度的不均衡分布会使技术创新网络分裂为不同子群，不同派系中的企业会认为自身的合作伙伴并不公平，进而感知到派系的消极影响。子群内与子群外的成员互相猜疑，使合作伙伴对自身知识进行封闭。因此，提出如下假设：

H2c：关系型分裂断层对群体内企业间的知识共享起到正向影响效果。

H2d：关系型分裂断层负向影响群体内与群体外企业间的知识共享。

3.3.3 组织学习与知识共享

知识共享是知识传递与知识接收的过程，涉及共享意愿和共享效果等方面。组织学习是知识共享的重要驱动因素。对于企业而言，当组织学习得到高层管理人员的重视，通过适当的基础设施和学习文化在组织惯例中共享时，会导致卓越的绩效（Yeung et al.，2007）。在知识管理的过程中，组织学习发挥了重要作用，一方面知识是由可管理的组织学习过程创造的，另一方面学习动机又直接影响企业知识转移的意愿（Spender，2008）。也就是说，知识首先需要通过组织学习来产生，然后才能进行知识共享（Aizpurúa et al.，2011）。从这个角度来看，学习型组织就是善于创造、获取和转移知识，并能够调整其行为以反映新的知识和见解的组织（Garwin，1993）。在创新网络中，企业必须不断地学习技术、法规、适应市场需求的变化，并在与合作伙伴进行交流的过程中，通过学习不断扩展自身实践的相关知识（Dekker，Abbeele，2010）。这种持续的学习使创新网络中的知识库不断扩大，多样性的知识广泛分布在网络和个体合作伙伴中（Powell，Smith-Doerr，1996）。积极参与学习的企业将有更好的获取信息、资源、市场和技术的途径，从而使自身成为更有价值的潜在合作伙伴。这种学习能力使网络能够更好地实现战略目标（Gupta，Polonsky，2014）。

企业间的知识共享是企业提高创新绩效的必要前提，这是因为创新本质上意味着以新颖的方式组合现有的、外部的知识主体（Ritala et al.，2015）。通常情况下，外部知识的获取需要具备接触新颖性知识的机会（Dhanaraj et al.，2004），组织间的学习提供了一个极好的机会来探索和测试知识的潜在价值，以及该知识的潜在市场。同时，将知识传递给合作伙伴是一个企业向外发出信号的有效方式，表明该企业拥有对它们具有潜在价值的知识（Husted，Michailova，2010）。由于知识共享往往需要相互依赖和无数次的迭代，当企业反复参与这些活动时，往往会学习如何提高获取知识的能力，以换取知识共享。也就是说，通过企业间的互动学习过程，为伙伴间的共享和创造知识提供了机会（Usman et al.，2019）。企业通过使用合作伙伴的知识来提高其现有能力和实践，这些知识通过不同的学习过程（如知识获取、传播和解释）共享（Chung et al.，2015）。在学习的过程中，企业也会对外分享知识，因为组织间的学习是相互作用的过程，如果不对外分享，其可能会失去获取外部知识的机会，而且其自身的知识可能会闲置。这意味着，尽管企业可能会因为知识泄露的潜在风险而避免对外共享知识（Reagans，Mcevily，2003），但这样做可能会达到相反的效果，并阻碍自身的创新努力和绩效。因此，组织间学习的过程将推动企业间知识共享的有效展开。

组织间的学习具有两种手段：一种是探索式学习手段，另一种是利用式学习手段。知识接收企业能够对知识进行重新建构以及吸收等，还可以对自身的知识库进行运用，对自身知识做出较好的理解。通过自我强化效应或是累积效应，有助于企业对知识的梳理与转化，帮助其更好地运用新知识，促使其在创新中对知识进行转移。借助探索式学习手段获取异质性知识，既使企业产生了新的创新灵感，也使企业冲破原有的技术模式，提高创新水平。不同的学习手段促使企业更好地积累相应的知识，拥有新的技术能力，并将这些知识运用在创新活动之中。借助利用式学习，企业能够对知识进行吸收与运用。通过探索式学习获取的知识不同于已有知识，具有相应的异质性，能够促使创新灵感得以体现，促使企业获得新的路线。从不同角度进行分析，利用式学习更有助于探索显性知识，而探索式学习更有助于探索隐性知识。但不同的学习方式可能会对不同类型知识的共享产生影响。例如，知识具有显性知识和隐性知识的区分，在参与合作创新的过程中，企业需要对共享何种类型的知识做出决策（Mason et al.，2012）。显性知识是指可以记录、存储、共享和表示的知识；隐性知识具有黏性、情境约束和个体特性，因此难以存储、共享和表示（Swan et al.，2010）。从知识类型来看，利用式学习更有利于显性知识的共享，而探索式学习更有利于隐性知识的共享。通常情况下，隐性知识的获取对追求创新的企业间的合作而言更为重要，因为隐性知识可以促进创新、新市场探索和新知识的创造（Laureiro-Martínez et al.，2015），在获得持续竞争的优势中扮演重要角色（Usman，Ahmad，2018）。显性知识能够在组织成长中产生非常明显的效果，并且可以更好地进行运用（Nonaka，Takeuchi，1995）。不仅如此，隐性知识以及显性知识还能够为组织学习贡献一定的整合体系，这是因为它们相互交织，相互补充，帮助组织获得了持续的竞争优势。因此，无论是探索式学习还是利用式学习，从整体上看都会有利于知识共享。

从组织间学习的范围来看，群体内学习会促进群体内知识共享。这是因为群体内的成员之间的关系紧密，企业间的互动学习频率更高，信息交流密度更大，会更有利于企业间的知识共享（Knoke，2009）。同时，处于同一群体内的成员之间的关系相对其他企业而言更为亲近，能够在更大程度上增强信任，避免摩擦，促进网络成员间知识共享的意愿和效率

（Lavie et al.，2012）。但是，群体内学习会抑制群体外知识共享，因为群体内的约束，会限制知识泄露给群体外企业。虽然大量的群体内学习会造成成员间知识和信息的冗余，不利于获取新颖性知识，但为了防止知识泄露的风险，群体内学习会阻碍群体外知识共享。这是因为群体内企业与群体外企业往往是竞争关系，商业秘密、核心技术和战略等重要知识的泄露会对群体内所有的企业创新带来损害，且这种损害往往会大于与群体外企业进行知识共享所获取新颖性知识的好处（Ritala et al.，2015）。知识泄露对群体内的企业而言有很多负面影响，如收入损失、声誉受损、生产力损失和成本损失，并且这种损失在短时间内难以恢复（Ahmad et al.，2014）。由于显性知识通常可以用专利或其他形式进行保护，而隐性知识不可能或很难得到保护，所以隐性知识通常被认为比显性知识更容易泄露（Ambbrosini，Bowman，2001）。因此，提出如下假设：

H3a：群体内学习对群体内企业间的知识共享具有积极作用。

H3b：群体内学习对群体内与群体外企业间的知识共享具有消极作用，并且相对于群体内利用式学习而言，群体内探索式学习对群体内与群体外企业间知识共享的作用更强。

本书认为，群体外学习会促进群体内与群体外企业间的共享知识。由于群体之间的知识库是异质的，培养跨群合作对企业的创新绩效有相当大的影响。与组织搜索相关的研究指出，与本地群体以外的伙伴合作的企业，有更好的机会更新自身的知识库（Rosenkopf，Nerkar，2001）。这些企业可以接触全局网络中新颖而陌生的知识，通过跨界搜寻，鼓励跨学科交叉创新的发展。并且，由于群体内密集的结构减少了信息多样性，将导致同一群体内的知识库同质化（Gulati et al.，2012），盲目追求相似知识的企业可能会降低创新的可能性。此外，企业过度嵌入一个群体可能会带来技术锁定、合作惰性（Villena et al.，2011），并抗拒与新伙伴建立联系（Yan，Guan，2018）的风险。通过群体外学习建立群体内与群体外企业间的知识共享可以补充新颖性知识。这是因为学习是互动的过程，而不是单一的。同时，群体内与群体外企业间尽管由于子群问题存在竞争关系，但已经建立的群体外联系，也会产生知识共享（Botelho，2018）。因此，群体外学习有利于群体内与群体外企业间的知识共享。但是，企业通过与群体外企业学习产生的知识，很难与群体内成员共享。这是因为创新网络中的企业之间往往保持着微妙的合作竞争关系，企业除了与合作伙伴进行互动学习以外，还需要保持自身的竞争优势。企业之所以不希望与合作伙伴分享它所知道的一切，是因为这可能会阻碍其从创新中获得利益。在战略层面上，企业的管理者通常会确定知识共享的明确界限。由于通过与群体外企业相互学习获取的知识往往特别关键，所以与群体内伙伴进行共享，有可能会面临失去核心知识资产和从创新中获得租金的风险（Hurmelena-Laukkanen，Olander，2014）。为了防止机会主义风险，企业也会保护自身从外界获取的知识（Ritala et al.，2015）。此外，由于群体之间存在竞争，群体内企业与群体外企业间的合作会降低对群体内伙伴的承诺程度，同时由于不同群体成员之间缺乏足够信任，使企业陷入一种不受群体内和群体外企业信任的尴尬境地，无论是知识的转移成本，还是知识的吸收和整合成本都会非常高昂。因此，即使企业有与群体内企业分享知识的意愿，也可能因吸收能力不足，难以将外部知识在群体内进行内化与共享（Jacob，Duysters，2017）。因此，提出如下假设：

H3c：群体外学习对群体内与群体外企业间的知识共享具有积极作用。

H3d：群体外学习对群体内企业间的知识共享具有消极作用，并且相对于群体外利用式学习而言，群体外探索式学习对群体内企业间知识共享的作用更强。

3.3.4 组织学习的中介作用

在上述分析的基础上，本书认为分裂断层对知识共享的影响可以通过组织学习的中介作用而实现。

首先，分裂断层对群体内学习和群体外学习具有差异性作用。对于属性型分裂断层而言，创新网络由许多异质性节点组成，由于不同成员具有不同的战略目标、动机和能力等，会导致一定程度的关系紧张（Ritala et al.，2017）。并且，属性聚合能够引发一系列群体内、群体外的问题，这使群体内成员之间具有相似的组织背景、认知、技术等特征，这种相似性能够增强网络成员间的信任，缓解关系紧张，有利于群体内成员间的相互学习。同时，属性型分裂断层导致群体内成员间有较高的相似性，这种相似性会更利于成员间知识的消化吸收，而吸收能力是组织间学习的一个重要影响因素，因此，属性型分裂断层对群体内学习具有一定的促进作用。但是，属性型分裂断层会带来群体外或群体间的差异性，这种差异性会阻碍不同群体网络成员之间的交流与沟通，不利于知识的转移与吸收。并且，子群之间会因缺乏足够的网络连接，导致难以接触彼此的异质性知识，而子群之间的竞争关系也会阻碍群体内成员与群体外成员间的相互学习，因此，属性型分裂断层对群体外学习具有一定的阻碍作用。对于关系型分裂断层而言，其对群体内学习和群体外学习具有差异性作用。一方面，通过关系聚合引起的关系型分裂断层能够加强群体内凝聚力，促进网络成员之间的互信与互惠，加强彼此的互动频率（Bessant et al.，2014）。另一方面，关系型分裂断层能够加强群体内成员间的相互认同感，这种认同感对企业间的协作非常重要，它能够降低企业间因为组织边界带来的隔离，缓解由竞争带来的摩擦（Clement et al.，2018）。此外，关系型分裂断层能够提高群体内成员间的信息质量和信任，这有助于促进企业间知识，尤其是复杂知识的迭代与反复组合，避免企业间合作的机会主义行为。因此，关系型分裂断层对群体内学习具有积极效果，但是分裂断层会引发群体内、群体外的问题，阻碍不同群体成员之间的相互学习。一方面，群体内与群体外成员存在竞争关系，为防止知识泄露，会限制群体内成员与群体外成员间的沟通与交流。另一方面，群体内的关系惯性和认知锁定会限制群体外重要信息的流入。因此，关系型分裂断层对群体内与群体外企业间的学习具有一定的阻碍作用。

其次，群体内学习与群体外学习对不同类型的知识共享具有差异性作用。组织间的学习是知识共享的重要影响因素。站在知识管理的角度来看，知识需要通过组织学习产生，然后才能进行知识共享（Aizpurúa et al.，2011）。企业的学习能力和学习动机都会影响知识共享的意愿和效果。积极参与组织间学习的企业也能更好地创造价值，成为更具价值的潜在合作伙伴（Gupta，Polonsky，2014）。由于组织间的学习能够为企业提供接触技术和市场知识的机会，所以通过组织间的学习能够实现知识的整合。并且，为了获取更多的知识，企业也必须向外共享知识，因为组织间的学习是相互依赖的过程，只有反复地迭代和重复，企业才能具备获取知识的能力。如果企业不向外共享知识，那么就会产生一种机会主义和搭便车的信号，该企业将失去持续获取外部知识的机会。从学习范围来看，群体内与群体外的子群问题会对不同群体成员的知识共享意愿和效果产生差异性影响。由于群体内企业间的关系更为亲密，在相互学习过程中增强彼此信任度，且群体内成员间的相似性也有利于知识的转移、吸收和扩散，所以群体内的学习会更有利于群体内企业间的知识共享。此外，由于群体之间的知识具有异质性，群体内与群体外企业之间相互学习产生的知识很难在群体内企业间进行扩散，一方面需要较高的转移成本，另一方面企业为了保持竞争优势，也不愿意分享所有知识，尤其是通过群体外学习获取的知识。因此，群体外学习更有利于群体内与群体外企业间的知识共享。

最后，分裂断层通过群体内学习与群体外学习影响知识共享。无论是属性聚合引起的属性型分裂断层，还是由关系聚合引起的关系型分裂断层，都会产生群体内与群体外的子群问题。通过子群问题，群体内部成员之间具有较高的凝聚性与相似性，彼此更为熟悉，而群体之间具有较高的异质性，彼此关系稀疏。然而，由于不同群体之间的身份认同存在差异，所以群体内与群体外企业之间容易产生分歧甚至冲突，缺乏信任。因此，分裂断层对创新网络中的知识共享而言，既有积极作用，又有消极作用。这种积极作用体现在分裂断层促进群体内企业间凝聚性、信任度、吸收能力、相互认同等方面，而消极作用体现在分裂断层导致群体内与群体外企业间的分歧、冲突、异质性、排斥性、沟通障碍等方面。由于子群问题是分裂断层影响知识共享的关键，所以，从群体内与群体外两条路径分析分裂断层对知识共享的差异性作用具有重要意义。子群问题是分裂断层发挥作用的表现，而通过子群问题影响企业间的学习过程是分裂断层影响知识共享的关键。这是因为企业所获取的所有知识和信息都需要通过过去的经验或者反复的迭代与重复，也就是通过组织学习进行过滤、解释和转化才能进行消化、吸收与共享。本书认为，分裂断层对群体内企业间知识共享的正向影响，主要通过群体内企业间的学习发挥作用，而分裂断层对群体内与群体外企业间知识共享的负向影响，主要通过群体内与群体外企业间的学习发挥作用。因此，提出如下假设：

H4a：群体内学习在分裂断层与群体内知识共享间起中介作用。

H4b：群体外学习在分裂断层与群体外知识共享间起中介作用。

3.3.5 网络权力的调节作用

3.3.5.1 结构权力的调节作用

网络位置优越的企业有更好的机会集中更多的资源，并在利用技术开发或探索新技术方面获得帮助（Weng，2018）。这种位置的优越性主要体现在中心性与结构洞等特定的网络位置方面，这些位置优势会给企业带来结构权力，并从多个方面影响企业间知识共享的过程。

从中心位置来看，首先，结构权力较强的企业拥有更多的合作伙伴，能够接触更多知识。企业间联系是信息和资源流动的渠道（Beckman、Haunschild，2002）。这些信息或知识本身存在于不同的企业中，通过创新网络中的企业间联系进行交换、流通和发展，拥有更多联系的企业会收到更多有关市场发展和技术发展的信息。这种资源和信息向网络中心位置涌现的趋势，会使处于中心位置的企业更加积极地进行创新和知识共享（Tsai，2001）。因此，占据中心位置的企业会有机会接触更广泛的知识，通过更多的合作提高学习能力，在这个过程中，企业也会输出知识，促进知识共享（Woods et al.，2019）。其次，结构权力较强的企业拥有更高的声誉和影响力，能够吸引更多企业分享知识。创新网络往往具有中心—外围网络结构（Ritala et al.，2017）。中心位置能够为企业提供信息和声誉利益，并使其与其他组织建立合作关系，以促进组织间的学习（Andersen，2013）。其他企业对位于网络中心的企业具有较强的依赖性，这是因为它们能够影响网络中的协调与目标设定（Dhanaraj et al.，2004）。中心位置企业也会让合作伙伴感到更为可靠，能够增强伙伴对其的信任度，从而更愿意分享知识（Powell，Smith-Doerr，1996）。最后，结构权力较强的企业能够作为"第三方"促进伙伴间的合作与知识流动。中心位置企业往往通过"引荐"作用推动伙伴间的合作（Gulati，Gargiulo，1999），提高伙伴间的"知识型信任"（Ranjay et al.，2000）。由于中心位置企业的存在，伙伴间合作具有较高预期，会更愿意共享知识和资源（Coleman，1988）。作为伙伴间知识交流的"管道"，中心位置企业也能更多地接收和分享知识。中心位置企业还能作为"催化剂"，接触更多外部知识，提升对知识的分析与理解，创造相应的合作规范，进而提升伙伴分享知识的意愿（Tortoriello et al.，2014）。

从结构洞来看，首先，结构权力较强的企业能够获取多样性和新颖性信息。占据结构洞位置的企业能够通过创新网络获得多样性和新颖性的信息来源。通过网络中结构洞位置，企业能够降低网络封闭带来的知识冗余风险，促进知识多样性（Gilsing et al.，2008）。由于结构洞带来了不寻常的、非同质的知识，能够使企业产生新的想法和创意，对企业间知识共享，尤其是隐性知识共享具有积极作用（Mazzola et al.，2018）。其次，结构权力较强的企业能够传递不同伙伴间的知识。结构洞是行动者间新的知识和信息流动的中介，是孔洞两侧行动者之间的桥梁（Burt，1992）。占据结构洞位置的企业可以有效地将其他断开连接的企业间的信息和知识进行传递。这会增强企业间信息获取的时效性，而时效性是企业获取信息的一个重要特征（Burt，Merluzzi，2014）。在时效性保证下，最新的知识、技能和研究趋势可以迅速转移到有需要的伙伴，这对企业间的知识共享，尤其是显性知识的共享具有重要意义（Guan et al.，2017）。最后，结构权力较强的企业能够促进本地知识搜寻过程。跨越更多结构洞的企业可以控制信息流，控制其直接联系，方便进行本地搜寻。相反，跨越较少结构洞的企业对其合作伙伴之间的控制和协作能力较低，很容易由于其冗余的知识而被合作伙伴抛弃。这种本地知识搜寻可以提供很多的具体知识信息，对于企业的利用式学习和显性知识共享非常重要（Yan，Guan，2018）。

无论是属性型分裂断层还是关系型分裂断层，都会引发一定的问题，从而对群体内的知识共享产生积极作用。本书认为，结构权力能够加强分裂断层对群体内知识共享的正向作用。从属性型分裂断层来看，群体内企业间具有知识相似特征，群体内与群体外企业间具有知识异质特征。创新网络中的企业往往选择具有一定相似性的伙伴进行合作，这是因为相似性是知识吸收的基础，也是互补性的前提。虽然相似性有利于企业间的知识共享，但过度相似往往会带来知识冗余和网络僵化等风险，为了进行知识重组或实现突破式创新，企业搜寻异质性知识的需求会越来越大。因此，在创新网络中的企业往往是相对相似的，同时具备一定程度的异质性。异质性又会为企业间的合作带来协调与沟通的难题，并且企业间缺乏互动产生的"行动问题"会降低企业间的知识吸收能力，使知识共享无从着手。吸收能力较弱，或者缺乏好的组织规范与惯例，不利于企业间新颖性与多样性知识的传递与共享（Zaheer，Bell，2005）。而结构权力较强的企业由于具有位置优势，一方面能够通过广泛的企业间联系带来新颖性和异质性知识，另一方面能够通过影响力和控制力促进群体内企业间的互动。因此，结构权力较强的企业往往充当协调者和守门人的角色，对企业合作有促进作用，可以从多样性角度获取质量较高的信息。通过频繁的互动增强对异质性知识的消化吸收，结构权力较强的企业能够促进群体内企业间的知识共享（Meschi，Wassmer，2013），且自身的知识共享机会也会更多。

从关系型分裂断层来看，群体内企业间具有较强的凝聚性，企业间关系紧密，而群体内与群体外企业间关系相对稀疏。虽然强关系有利于企业间的知识共享，但关系惯性和路径依赖也容易导致技术锁定等风险。技术锁定会带来群体内知识和信息的冗余，并阻碍群体内企业对新颖性知识的探索，造成"创意问题"（Obstfeld，2005）。而结构权力较强的企业一方面能够通过较强的治理能力促进群体内合作规范的产生，防止机会主义风险；另一方面能够通过跨越结构洞获取异质性知识和信息，为群体内合作带来新颖性知识重组机会，促进企业间的知识共享。因此，当结构权力较强时，分裂断层引起的群体内成员间的关系更加亲密，更容易达成共识，合作协调性更好，吸收能力更强；并且通过跨越结构洞带来的新颖性知识也能克服群体内知识同质化的风险，促进群体内企业间的知识共享。结构权力越强的企业，越能利用其优势位置促进伙伴间的交互，获取多样性知识，对知识共享有非常多的利处。因此，提出如下假设：

H5a：结构权力正向调节分裂断层对群体内知识共享的影响，即结构权力会加强分裂断层对群体内企业间知识共享的正向影响。

由于子群问题，分裂断层会引起群体内与群体外企业间的冲突、竞争与不信任，从而对群体外知识共享产生负面影响。本书认为，结构权力能够减弱分裂断层对群体外知识共享的负向作用。

首先，结构权力能够减少群体内与群体外企业间的冲突。拥有较强结构权力的企业具有监督与协调作用。优越的位置会给企业带来大量的伙伴联系，这些联系在带来多样化知识与信息的同时，会赋予中心位置企业较高的地位。作为诸多伙伴间的领导者，结构权力较高的企业能够为实现整体目标而提供必要的网络治理和纪律规范。此外，这些核心企业还能对伙伴间的合作起到监督和威慑作用，这是因为一切不良的合作行为如机会主义和搭便车等，都能通过中心位置企业或第三方很快地在网络中传递，为了避免声誉损失，这些行为在结构权力较大的企业的监督和协调作用下得到控制并建立互惠规范（Sytch，Tatarynowicz，2014）。通过核心企业的监督与协调，群体内与群体外企业间的冲突能够在升级之前得到有效控制（Phillips，Cooney，2005），企业间的资源流动将会更加顺畅。当核心企业参与知识共享过程时，具有直接联系，它们能够更好地对危机进行解决（Heidl et al.，2014）。

其次，结构权力能够促使企业的知识吸收能力有所提升。企业拥有一定的结构权力在关系协调和声誉等方面具备优势，有助于其寻求异质性的合作伙伴（Phelps，2010）。一方面，结构权力较大的企业能够在合作过程中产生信任与互惠等非正式治理机制，有助于企业间达成共识，加强企业间对彼此知识尤其是隐性知识的理解。另一方面，在结构权力的作用下，群体内与群体外企业间共同解决问题的积极性会大大加强，在不断地重复与尝试多种解决方式后，伙伴间的知识转移将更加顺畅。结构权力的作用在异质性伙伴间合作中体现得更为明显（Fleming et al.，2007）。分裂断层导致的群体内外差异性会降低群体内与群体外企业间的知识共享，但是，当参与群体外合作的企业具有较高的结构权力时，能够促进伙伴间异质性知识的吸收。

再次，拥有结构权力的企业可以起到桥梁作用，使知识得到更好的传播。分裂断层会对群体内、群体外的知识流动产生阻碍效果。群体内的知识具有一定的相似性以及惯性，这使群体内知识流动效率变高，知识交流不断变得丰富，子群内部凝聚力更强，创新效率更高。企业距离中心越近，对企业技术知识进行控制的程度就越强，因此，企业距离会对其控制能力产生影响。对合作伙伴进行识别与控制，可以促使伙伴间信息交流，这对企业知识共享是非常有利的（胡保亮、方刚，2013）。对企业知识以及技术进行辨别可以看出哪些企业能够较好地进行合作，有助于减少风险（Billitteri et al.，2013）。对新知识的接触具备一定优势，这使其他企业更倾向于与其建立起联系，对知识冗余起到克服作用，能够提升企业的声誉以及地位。中心企业接触到很多知识，可以对资源池进行较好的掌控，有助于促使知识在子群间更好地流动（Sytch et al.，2012），从而提升整体网络的知识共享效率和创新能力。在结构同质性的作用下，多个中心企业相互吸引，构建连接关系（Rosenkopf，Padula，2008），使在群体内已得到充分交流的非冗余性知识，能够在子群间实现更广泛的知识共享。

最后，结构权力还能降低群体外企业间合作的风险和不确定性。群体外企业间合作会使治理以及合作成本变高，在这个时期，企业信任体系并没有得到构建（Robinson，Stuart，2007）。与群体外企业进行合作会引起很大风险，也使不确定性有所提升（Baum et al.，2005）。由于共同知识基础的缺乏，合作伙伴对新知识的理解不是非常全面。结构权力能够从不同方面对群体合作风险进行抵抗。借助引荐手段，结构权力能够很大程度上节约伙伴搜寻的成本（Hagedoorn et al.，2011）。另外，结构权力能够增强企业间合作的互惠性，伙伴的活动可以向外传递。这种规范性使企业间的合作更加紧密，提高企业在系统中的嵌入程度，促使其合作意愿得以提升（Reagans，Mcevily，2003）。除此之外，借助提高企业社会交互的手段，结构权力使企业间伙伴享有更高的知识共享惯例（Lane，Lubatkin，1998），这会促使企业隐性知识有所转移，进而提升企业的吸收能力以及多样性伙伴的知识吸取能力。在网络中多样性知识变多的情况下，结构权力可以促使企业构建起相应共同理解，企业的理解能力以及知识能力都会得到很大程度的提升，对自身知识需求也能够进一步理解。对技术问题进行分析等能够拓宽多样性伙伴的重组范围，提升其重组能力（Clement et al.，2018）。

总之，在知识传播的影响下，成员之间的矛盾得到降低，这使群体内与群体外企业间的知识共享能力变得更高。因此，提出如下假设：

H5b：结构权力正向调节分裂断层对群体外知识共享的影响，即结构权力会减弱分裂断层对群体内与群体外企业间知识共享的负向影响。

3.3.5.2　知识权力的调节作用

技术创新网络中企业数量越多，成员对网络的贡献就越不均衡。企业权力以及合作依赖于不同企业技术网络资源贡献水平，具有一定内在联系。在创新网络中，拥有技术专长的企业更易获得追捧，在其他企业看来这是一种稀缺资源，与其合作能够获得更大的收益，因此，这类企业的权力更强。例如，Stuart（2000）发现在半导体行业中，与高技术伙伴合作的企业的销售增长率和创新率更高。但是，如果比较弱的企业获得相关利益，那么高技术企业就能够获得更高的权力，而拥有一定优势地位的企业可以对权力较弱的企业进行指挥，使其接受相关的专业知识。权力较弱的企业更加倾向于与权力较强的企业保持联系，这样它们可以学到更多知识，为网络知识池贡献更多力量，增强企业对知识的吸收能力。除此之外，受到权力的影响，较弱企业的知识共享能力会逐渐变强，知识转移也是必然的，因此，知识权力能够一定程度上促使知识共享的发展。

虽然拥有结构权力的企业与差异化企业做出相应的交流以及协作有利于知识共享的进步，但广泛的组织关系不利于企业的掌控，也使企业维护需要更高的成本。对资源的管理相对来说比较分散，在"搭便车"行为发生之后，会在成员间产生消极结果，企业并不能获得预期效益（Wincent et al.，2010）。受到潜在心理成本的种种影响，知识共享中还存在相应问题（Obstfeld，2005），同样的网络位置也可能出现不同的结果。例如，Reinholt 和 Foss（2011）指出知识共享仅依赖于网络中心位置是不够的，除此以外，知识共享还取决于企业的动机和能力。因此，企业不仅需要拥有接触新知识的能力，还需要与合作伙伴进行合作与交流，促使多样化知识的流通。

企业通过在密集的群体内进行合作，同时构建稀疏的跨群合作，从而扮演中介角色（Clement et al.，2018），既在本地群体内进行本地知识搜寻，也在跨群体内进行远程知识搜寻（Katila，Ahuja，2002）。从知识搜寻的角度来看，这将是一个理想的企业网络战略，然而，跨群体的远程知识搜寻具有一定的挑战，因为不同群体之间具有边界，存在冲突、竞争等关系。一方面，群体内外不同的技术发展轨迹使企业很难整合这些本地和远程的专业知识，这是因为企业对创新的关注是有限的。另一方面，如果群体内企业与群体外企业的合作强度过大，会提高知识整合的成本，这是因为企业的身份和动机可能会受到群体内部和外部成员的质疑。具体来说，当企业通过连接群体内部和外部企业在网络中扮演中介角色时，它们将从跨群体的异质性知识的及时访问中获益，并将更加关注这些知识。

本书认为，如果占据位置优势的企业同样占据知识优势，那么分裂断层对知识共享产生的消极影响就会变低。首先，拥有结构权力优势和知识权力优势的企业能够更容易控制和影响网络其他成员的活动，帮助企业间遵循网络惯例形成的行为规范和模式，有助于在合作创新过程中达成共识（党兴华、张巍，2012；孙永磊、党兴华，2013），促进子群内与子群外成员间的信任。其次，除了具备中心位置带来的信息优势以外，拥有知识权力的企业有更强的能力处理企业间的关系（Kale，Singh，2007），协调子群内与子群外成员间的冲突，有利于知识共享。再次，拥有知识权力的企业具有更强的学习能力，能够更好地吸收新知识，更能理解自己的知识在何种情况下是有价值的，并能够以更好的方式提供给知识需求方（Reinholt，Foss，2011），有利于知识在子群内与子群外更有效地传播和扩散。最后，拥有知识权力的企业将充分利用网络中心位置优势参与更高水平的知识共享，那些相对权力较低的企业将不得不与它们保持知识交流并分享知识，从而使它们在子群内与子群外成员间更有吸引力。

总之，既拥有知识权力又占据中心位置的企业的知识共享能力非常强。受到知识权力的影响，网络中心位置对断层的影响也会被加强。因此，提出如下假设：

H5c：知识权力正向调节结构权力对分裂断层与群体内知识共享间关系的调节作用，即知识权力越高，越能增强分裂断层对群体内企业间知识共享的正向影响。

H5d：知识权力正向调节结构权力对分裂断层与群体外知识共享间关系的调节作用，即知识权力越高，越能减弱分裂断层对群体内与群体外企业间知识共享的负向影响。

3.4　本章小结

本章对分裂断层、组织学习等有关概念进行界定，并详细阐述了理论模型的构建过程。在此基础上，本书共提出 18 个假设，如表 3-1 所示。

表 3-1　本书所提的假设汇总

序号	假设	假设内容
1	H1a	属性型分裂断层正向影响群体内企业间的学习，并且相对于群体内探索式学习而言，属性型分裂断层对群体内利用式学习的作用更强
2	H1b	属性型分裂断层负向影响群体内与群体外企业间的学习，并且相对于群体外利用式学习而言，属性型分裂断层对群体外探索式学习的作用更强
3	H1c	关系型分裂断层正向影响群体内企业间的学习，并且相对于群体内探索式学习而言，关系型分裂断层对群体内利用式学习的作用更强
4	H1d	关系型分裂断层负向影响群体内与群体外企业间的学习，并且相对于群体外探索式学习而言，关系型分裂断层对群体外利用式学习的作用更强
5	H2a	属性型分裂断层对群体内企业间的知识共享起到正向影响效果
6	H2b	属性型分裂断层负向影响群体内与群体外企业间的知识共享
7	H2c	关系型分裂断层对群体内企业间的知识共享起到正向影响效果
8	H2d	关系型分裂断层负向影响群体内与群体外企业间的知识共享
9	H3a	群体内学习对群体内企业间的知识共享具有积极作用
10	H3b	群体内学习对群体内与群体外企业间的知识共享具有消极作用，并且相对于群体内利用式学习而言，群体内探索式学习对群体内与群体外企业间知识共享的作用更强
11	H3c	群体外学习对群体内与群体外企业间的知识共享具有积极作用
12	H3d	群体外学习对群体内企业间的知识共享具有消极作用，并且相对于群体外利用式学习而言，群体外探索式学习对群体内企业间知识共享的作用更强
13	H4a	群体内学习在分裂断层与群体内知识共享间起中介作用
14	H4b	群体外学习在分裂断层与群体外知识共享间起中介作用
15	H5a	结构权力正向调节分裂断层对群体内知识共享的影响，即结构权力会加强分裂断层对群体内企业间知识共享的正向影响
16	H5b	结构权力正向调节分裂断层对群体外知识共享的影响，即结构权力会减弱分裂断层对群体内与群体外企业间知识共享的负向影响
17	H5c	知识权力正向调节结构权力对分裂断层与群体内知识共享间关系的调节作用，即知识权力越高，越能增强分裂断层对群体内企业间知识共享的正向影响
18	H5d	知识权力正向调节结构权力对分裂断层与群体外知识共享间关系的调节作用，即知识权力越高，越能减弱分裂断层对群体内与群体外企业间知识共享的负向影响

❹
研究方法

前文对分裂断层以及网络权力等进行了较为仔细的论述，本章主要进行研究设计，主要包括问卷的设计与编制、描述数据收集过程及样本特征、各变量的测量、统计分析方法介绍，本章的梳理与总结。

4.1　问卷设计

在管理学界探索手段中，问卷调查法应用频率相对较高，是较为普遍的分析手段，借助于问卷调查能够获得相应数据，对问卷数据的统计也更加方便。本书涉及的变量受到分裂断层的种种影响，其技术网络成员能够感应到分裂趋势，网络权力与知识共享也获得企业感知，因此可以运用书面提问手段获得相关数据。本书借助问卷调查手段来收集相关数据，进而达成实证研究的目标。

4.1.1　问卷设计原则

此次研究在对量表指标进行设计的过程中，遵循以下原则，确保本书运用的量表效度得到保障。

（1）借助文献检索手段获取测量量表，并且量表属于检测过的，信度以及成熟度都比较完善。

（2）本书中运用到了外文文献中的成熟量表，因此，对东西方文化差异进行了分析与探索，找出其对量表的影响。此次研究邀请到具有留学经历的朋友进行翻译，并根据翻译结果做出讨论，运用到相近量表。

（3）关于本书中个别的变量，由于没有与之相符的测量量表，所以对相关文献进行了梳理与概括，对其做出合理界定，提炼出主要特点，构成测量量表。

（4）对量表做出检验。

4.1.2　问卷设计流程

（1）对问卷内容进行确定。结合相关文献做出探讨，明确调查问卷内容，主要包含分裂断层、组织学习（群体内探索式与利用式、群体外探索式与利用式）、知识共享等。

（2）量表的搜集与筛选。寻找与国内外文献有关的各个变量以及与其相似的变量，并找出与本书探索问题有关的测量题项。为了保证量表的信度和效度，本书的所有变量都运用到国内外学者提出的成熟度量指标，并结合研究情境进行了改良。

（3）量表的翻译与回译。本书选择的量表很多都来自外文文献，为了预防翻译过程中产生偏差，通过很多关系邀请到对这个领域有一定研究的留学朋友与老师进行翻译、回译。对中英文量表差异进行对比并作出讨论与修订，保证量表准确度得以提升。

（4）编制问卷初稿。与一般调查问卷结构相同，此次研究所运用到的调查问卷在设计中包括以下三个部分：一是指导语以及说明项；二是被访者的基本资料和企业资料；三是主要问题。在调查问卷中，指导语等能够表明调研人员的身份以及调查意图等，保障被访者没有顾虑，而基本资料以及问题等包含企业规模与背景、组织学习（群体内探索式与利用式、群体外探索式与利用式）题项等。

（5）专家分析与问卷式调研。对正式量表进行协调与改正，促使问卷调查质量得到保障。首先，对问卷初稿做出仔细分析，由专家对问卷进行评判。其次，对专家意见进行整合，对无关题项做出处理。再次，对问卷初稿进行测试，建立起企业合作课题，分析此课题的主要内容，并对问卷进行分发，要求问卷持有者仔细阅读问卷中的问题并进行回答，对指意不清的地方进行纠正，依据他们意见以及测试结果对问卷进行修正，使问卷结构更加合理。最后，确定相关的调查量表，在一定程度上确保问卷有效。

4.1.3　问卷质量控制

想要更好地对统计结果进行分析，分析变量指标是非常重要的一步，其在问卷设计过程中起到重要作用。在此次研究的量表设计过程中，对我国现实背景以及文化背景做出充分的考量，结合我国创新网络的主要特点，对很多国家的分析与评判进行考量，经过一系列修订形成相关的调查问卷。并且，在正式进行调查之前，对调研问卷的数据做了仔细的探索，并对问卷结构进行更新，最后形成正式问卷。

4.2　数据和样本

本书的研究对象选择依据为：①为了保证所选行业具有代表性及行业分散度，所选的企业主要集中在汽车产业、制造业以及电子信息产业，这些产业属于国家重点发展或者战略性产业，产业地位突出，市场化程度比较高，技术较为先进，拥有技术创新网络。②所选的企业成立已经有相当长的一段时间，且管理者与研究者有一定的人脉关系，能够保证相关数据顺利获得，这为开展扎实的调研打下了基础。

在进行正式调研之前，我们与15名有长期合作关系的企业家进行了预测试，并对问卷题项进行相应修正。

（1）预调研。预调研指的是预测试构成的问卷，属于正式调查前的步骤。预调研对问卷格式以及语言等进行预测，保证其格式合理，语言规范，对题项选择以及术语等也进行预测，确保题项选择明确，术语相对来说较为规范。测试问卷是否合理，对问题的表述进行探究。调研过程为在现场分发问卷，对一些表达不准确以及语义不清晰等问题进行记录。在预调研结束之后收回所有问卷，依据调研对象的意见以及调研结果对问卷进行修改，方便答题人填写，也有利于数据处理。

本书对15名企业家进行了预测试。参与到预测试过程中的大部分是企业的高级管理人员，属于较为合适的调查对象，他们对企业情况、企业日常的管理活动都非常熟悉。借助调研手段实现以下目标：一是对问卷题项进行调研，保障问卷的准确性，促使企业创新活动目标得以达成；二是对问卷进行修改与调整。

（2）正式调研。正式调研时间为2018年4～12月，数据主要来自以下两个方面：一是国家重点产业专利信息服务平台。通过该平台，我们下载了三个产业在2015～2018年由两个或两个以上组织联合申请的中国发明专利文摘。剔除国省代码为国外和港澳台地区的数据后，仅保留这个行业中名称是"××公司"的数据总体。运用随机抽样法，问卷通过E-mail方式一共发放了300份，以此增加问卷发放的广度。二是与西安高新区管委会等相关机构建立良好的关系，从这些机构的名录中选择与行业相关，并且具有研发能力的企业进行探索，借助面访以及E-mail方式发放230份问卷。以上两个数据来源的问卷调查步骤都是一致的。为提升数据准确性，降低方法偏差的问题，确定由每个企业的三名被访者分两步填写问卷。第一步由一名被访者填写A问卷，主要包括控制变量、自变量和所有调节变量，并填写一些具体的合作伙伴名称，包括5个圈子内合作伙伴和3个圈子外合作伙伴等。第二步由另外两名被访者分别填写B问卷和C问卷，这两份问卷主要根据A问卷中填写的合作伙伴名称，分别回答中介变量与因变量有关的题项。为了区分群体内与群体外的知识共享和组织学习，B问卷和C问卷将根据A问卷中填写的合作伙伴名称分别设计，并由不同的被访者填写。问卷的具体情况详见附录。没有回复 E-mail 的企业则采取电话沟通以及面访等方式，以期提高回收率。A 问卷、B 问卷、C 问卷分别回收了 343 份、330 份、325 份，三份问卷都回答的共 301 份，除去无效问卷，有效问卷达到 263 份。样本的特征描述如表 4-1 所示。

表 4-1　样本的特征描述

项目		样本量	比例（%）	项目		样本量	比例（%）
行业类型	汽车产业	64	24.335	销售额	3000 万元以下	45	17.110
	电子信息产业	101	38.403		3000 万元至 3 亿元	187	71.103
	装备制造产业	98	37.262		3 亿元以上	31	11.787
企业规模	100 人及以下	15	5.703	企业年龄	5 年及以下	73	27.757
	101~300 人	92	34.981		6~10 年	93	35.361
	301~1000 人	83	31.559		11~15 年	48	18.251
	1001~2000 人	41	15.589		16~20 年	28	10.646
	2001 人及以上	32	12.167		21 年及以上	21	7.985
企业性质	国有企业	91	34.601	受访者职务	高层管理者	51	19.392
	私营企业	75	28.517		中层管理者	129	49.049
	三资企业	97	36.882		技术人员	83	31.559

（3）问卷效度和样本的可靠性检验。

1）合理分析问卷题项的效度。计算出不同题项之和，依据顺序设定分组，对不同题项的得分均值进行计算，并对其进行 T 检验。T 检验能够通过表明高、低不同分组之间差异性较大，那么题项的效度相对较好；反之，这个题项的效度就不算很好。检验结果表明所有题项效度都是很好的。

2）对样本可靠性做出检验。通常情况下，没有返回偏差可靠性问题产生的原因是样本数据分布有差距，回收的样本并不能够对总体进行合理的表示，需要进行相关的检测，并做出比较，问卷早期样本以及后期样本等具有分布特点的差异性。独立样本 T 检验结果证明，这些样本分布差异性不强，说明样本选择代表性较好。

4.3 变量测量

在实际研究中，变量测量占据重要地位，对研究变量指标进行选择表明实证分析结果的稳定性。变量指标的测量手段有两类：一是选择与我国实践问题相关的英文文献，这种测量手段已被证明是有效的，得到了相应的有效性检验，这与经济以及社会转型分析是较为相符的。在一般情况下，全新的变量比较少，如被研究中组织学习、网络权力、知识共享等变量指标，前人已经开发出较为成熟的量表，后来的研究者只需要对文化差异以及语言不同之处做出仔细的分析与梳理，根据管理实践的情况做出转换或者调整即可。二是没有可供参考的成熟量表。在这种情况下，需要对已有量表做出分析与考量，结合我国本土管理实践做出仔细的探讨，对量表做出合理调整，使量表与实际需求相符合。对问题提法进行调节，改变陈述手段，确保量表可以得到被访者正确的理解。

为了获取较为准确的指标，需运用以下设计手段。首先，对分裂断层、组织学习、网络权力、知识共享等变量进行了梳理与概括，对量表展开实际的探索，找出与其有关的文献。这些文献需要在国际期刊中发表，论文也需要得到审查，量表的开发以及效度检查等过程都得到一系列检验。发现量表被测量过还需要对其测量手段进行运用，对其进行合理翻译，与被调研者进行探讨，确保量表与实际情况相符。借用网络权力、知识共享等变量有关的问卷题项。其次，对没有合适测量指标的因素做出了总结与归类，找出其内在特征以及指标制定依据。以开发分裂断层量表为例，第一步，对分裂断层量表进行开发时需要对相关文献进行梳理与借鉴，找出断层的内涵以及不同维度，依据理论内涵等进行划分，拟定相应的指标集合。第二步，与 15 位高管就合作创新活动中分裂断层进行探讨，收集 15 位高管的修改建议后，逐一做出修改，进而形成初步的测量指标。之后，对范围进行扩展，开展预调研，对指标做出修正。第三步，对修改过的指标进行分析，除去与要求不符的指标。最后，利用 Likert 量表，采用 5 级打分方式，了解被访者的态度或者对题项的感知，因此，问卷回答只是被访者对相关问题的感受以及评价，并没有正确以及错误的区分。为了避免误差，从企业中找到符合条件的测试参与者来填写问卷。

具体来说，对本书中不同变量的测量来自期刊文献中的成熟量表，对已经受过实证检验的成果进行参考，对分裂断层的测量基于其概念内涵，并部分参照团队断层的成熟量表，自行设计一些测量题项。测量题项采用 Likert 5 级量表对变量进行测量，1 为非常不同意、2 为不同意、3 为不好说、4 为同意、5 为非常同意。本书的研究包括 1 个因变量、2 个自变量、2 个中介变量和 4 个控制变量。

（1）分裂断层。分裂断层是指网络节点组织在创新实践过程中，由于网络成员共享的经验存在不同，会引起网络内部的分化趋势（党兴华等，2016；成泷等，2017）。在技术创新网络中，分裂断层主要分为属性型分裂断层和关系型分裂断层。其中，属性型分裂断层是指技术创新网络成员会倾向于选择与自己属性（背景、距离、能力、目标等）较为相似的组织进行知识分享，而不太愿意与自己属性不相似的成员进行分享。关系型分裂断层是指企业愿意选择与自己有多层联系（有合作历史、熟悉、信任等）的企业进行知识共享和合作。本书借鉴 Jehn 和 Bezrukova（2010）、Thatcher 和 Patel（2012）以及 Heidl 等（2014）的研究，并结合研究背景，属性型分裂断层主要从合作企业的背景、距离、技术、能力、目标相似度五个方面进行设计；关系型分裂断层主要从合作企业的合作历史、合作经验、相互熟悉程度、信任程度四个方面进行设计。具体测量指标如表 4-2 所示。

表 4-2　分裂断层的测量指标

变量名	题项编号	测量指标	参考文献
属性型分裂断层	ADF1	我们经常选择与背景相似的企业合作，并形成了比较固定的圈子	Jehn 和 Bezrukova（2010）、Thatcher 和 Patel（2012）以及 Heidl 等（2014）
	ADF2	我们通常选择与技术相似的企业合作，并形成了比较固定的圈子	
	ADF3	我们通常选择与距离较近的企业合作，并形成了比较固定的圈子	
	ADF4	我们通常选择与能力接近的企业合作，并形成了比较固定的圈子	
	ADF5	我们通常选择与目标相似的企业合作，并形成了比较固定的圈子	
关系型分裂断层	RDF6	我们通常选择与有合作历史的企业合作，并形成了比较固定的圈子	
	RDF7	我们通常选择与有合作经验的企业合作，并形成了比较固定的圈子	
	RDF8	我们通常选择与相互熟悉的企业合作，并形成了比较固定的圈子	
	RDF9	我们通常选择与相互信任的企业合作，并形成了比较固定的圈子	

（2）知识共享。知识共享是指技术创新网络成员通过互动和交流，获得和利用成员间的知识，此外也分享给对方自己的知识和经验，彼此通过学习、培训等手段共同创造新知识。本书借鉴 Reinholt 和 Foss（2011）、Chen 等（2014）的研究，并结合本书的研究背景，从收到合作伙伴提供的知识、有效利用合作伙伴提供的知识、向合作伙伴提供知识、与合作伙伴分享成功经验、与合作伙伴共同组织工作培训来提高彼此知识，以及与合作伙伴经常相互共享新知识和观点六个方面进行设计，具体测量指标如表 4-3所示。

表4-3　知识共享的测量指标

变量名	题项编号	测量指标	参考文献
知识共享 KS	IKS1/OKS1	我们能够收到合作伙伴提供的知识	Reinholt 和 Foss (2011)、Chen 等 (2014)
	IKS2/OKS2	我们能够有效利用合作伙伴提供的知识	
	IKS3/OKS3	我们能够向合作伙伴提供知识	
	IKS4/OKS4	我们能够与合作伙伴分享成功经验	
	IKS5/OKS5	我们与合作伙伴共同组织工作培训来提高彼此知识	
	IKS6/OKS6	我们与合作伙伴经常相互共享新知识和观点	

（3）组织学习。基于双元理论，本书认为组织学习是指通过探索式学习和利用式学习获取新知识，以及对已有知识加以应用。其中，探索式学习是指改变技术轨迹，借助新技术发明相关的一切活动手段，获得多样性、新颖性的知识，脱离现有知识来开展创新；利用式学习是指不改变技术轨迹，搜寻、获取及利用现有的知识库，借助知识转化过程，把技术创新网络成员的知识内化为组织内部知识。本书参考舒成利等（2015）、弋亚群等（2018）以及 Atuahene-Gima 和 Murray（2007）的研究，结合本书的研究背景，探索式学习主要从试验阶段投入市场后风险高的新知识、市场需求尚不明晰的新知识、现有市场和技术之外的领域、新的商业模式和技术方式、借助搜索到的新知识倒逼探索新事物五个方面进行设计；利用式学习主要从通过合作完善"解决方案"、外部信息的获取有助于公司R&D 提高、生产效率提升依赖于信息探索、当前市场或技术信息增加公司的经验、现有产品或服务知识的利用五个方面进行设计，具体测量指标如表4-4所示。

表 4-4　组织学习的测量指标

变量名	题项编号	测量指标	参考文献
探索式学习 （群体内/ 群体外）	IERL1/OERL1	我们重视处于试验阶段，投入市场后风险高的新知识	舒成利等（2015）、弋亚群等（2018）以及 Atuahene-Gima 和 Murray（2007）
	IERL2/OERL2	我们倾向于市场需求尚不明晰的新知识	
	IERL3/OERL3	我们重视开拓现有市场和技术之外的领域	
	IERL4/OERL4	我们倾向于尝试新的商业模式和技术方式	
	IERL5/OERL5	我们借助搜索到的新知识倒逼探索新事物	
利用式学习 （群体内/ 群体外）	IEIL6/OEIL6	我们乐于通过合作完善"解决方案"	
	IEIL7/OEIL7	我们认为外部信息的获取有助于公司 R&D 提高	
	IEIL8/OEIL8	我们通常的生产效率提升依赖于信息探索	
	IEIL9/OEIL9	我们重视搜集当前市场或技术信息增加公司的经验	
	IEIL10/OEIL10	我们重视现有产品或服务知识的利用	

（4）网络权力。网络权力是指网络中的企业如果拥有较为特殊的位置，就可以在组织成员中获得相应的信息及资源，或者拥有异质性、稀缺性资源等要素，继而在组织间产生一定的支配力量。本书借鉴徐可等（2014）、魏龙和党兴华（2017）、党兴华和张巍（2012）、Knoke（2009）的研究成果，网络权力主要分为知识权力和结构权力。其中，结构权力基于结构洞视角，从与我们有直接（非间接）联系的伙伴很多、别的企业往往通过我们与其他合作伙伴进行联系、较少通过别的企业与其他伙伴进行联系、限制系数四个方面进行设计；知识权力主要从在交流过程中能够约束其他企业的行为、退出网络会给其他企业带来不利影响、经验经常被其他企业

模仿和技术知识是难以模仿和替代的四个方面进行设计，具体测量指标如表4-5所示。

表4-5　网络权力的测量指标

变量名	题项编号	测量指标	参考文献
结构权力 （SP）	SP1	与我们有直接（非间接）联系的合作伙伴很多	徐可等（2014）、 魏龙和党兴华 （2017）、党兴华 和张巍（2012）、 Knoke（2009）
	SP2	别的企业往往通过我们与其他合作伙伴进行联系	
	SP3	我们较少通过别的企业与其他合作伙伴进行联系	
	SP4	限制系数	
知识权力 （KP）	KP5	我们在交流过程中能够约束其他企业的行为	
	KP6	我们退出网络会给其他企业带来不利影响	
	KP7	我们的经验经常被其他企业模仿	
	KP8	我们的技术知识是难以模仿和替代的	

（5）控制变量。为了防止变量受到其他因素的影响，预防理论推导过程中产生偏差，确保研究结果更加稳定，在对文献进行梳理的过程中，对变量以及知识共享的影响因素进行控制，本书选取以下因素作为控制变量：

1）企业年龄。企业年龄会对知识共享产生相关影响，但是企业年龄并不属于本书的研究内容，因此，本章探索了企业的成立时间，表征企业年龄，并对相关数据进行采集。

2）企业规模。不同规模的企业所拥有的资源以及利用资源的能力存在差异，进而影响技术创新网络中知识共享的表现。规模较大的企业一般在技术创新方面需求更大，有完整的标准化管理制度和流程，网络中其他成员也愿意参与并积极地贡献知识，更能有效地提升知识共享效率和效果。因此，为了消除企业规模的影响，提高研究的有效性，本书在数据分析的过程中，考虑把企业规模作为知识共享的控制变量时，可通过企业的员工数量加以控制。

4.4　统计分析方法

为验证理论模型中提出的分裂断层对知识共享、组织学习对知识共享、分裂断层对组织学习的直接影响，组织学习在分裂断层对知识共享之间的中介作用，网络权力在分裂断层对知识共享间具有调节效应，揭示变量间的相关关系以及实践作用，本节对统计手段做出介绍。在对理论模型做出检验前，先做信度、效度检验，确认变量测量可靠、有效；然后完成相关性分析，消除多重共线性对理论模型的影响。

本书在检验假设时，采用最优尺度方法进行回归分析。该方法包括以下步骤：①检验模型中变量的信度和效度。②使用最优尺度回归方法，对中介效应检验手段进行运用，并对模型以及变量间的关系做出检测。

4.4.1　信度、效度检验

信度以及效度在实证研究中处于非常重要的地位。信度能够对误差进行估计，测量出误差大小，对量表的一致性、可靠性等进行检测，如果误差越小，那么信度就越高，测量量表也就更加趋向一致，量表的稳定性与可靠性都更强。受现实条件的影响，重测信度以及复本信度实施起来比较困难，既不能对同样的样本进行检测，也无法对多套量表开展测量。信度测量主要关注题项之中的一致性。分半信度可以对内部一致性做出测量，但该方法对样本要求非常高。本书采用 Cronbach'α 系数对研究量表的信度做出检验。

效度指的是量表的有效程度以及对事物的测量程度。量表测量结构符合度越高，效度相对来说也就越高。在测量结果相符程度不是非常高的情况下，效度会相应变低。一般情况下，都会较好地运用聚合效度和区分效度。

聚合效度是用不同的手段做出测量，聚合程度越高，表明测量结果越一致。对聚合效度进行衡量有以下依据：进行验证因子 CFA 分析，得出测量指标标准化因子以及抽取平均提取方差（Abstracted Variance Estimate，AVE）。验证性因子分析 CFA 是较为基础的步骤，能够对变量进行衡量，找出变量对对应变量的测试程度，运用拟合系数、载荷系数等推算出拟合程度，对评价模型进行检测。一般情况下，如果 T 值大于 2，那么标准化的因子载荷会大于 0.7，聚合效度利用因子载荷做出验证。

对效度进行区分指的是对相应结构变量进行测量，如果变量 AVE 的值比其他变量相关系数平方更大，那么其区分效度更好。

4.4.1.1 信度指标：克隆巴赫系数

克隆巴赫系数（Cronbach'α）是常用的信度分析手段之一，其在 1951 年被提出，能够避免折半法的缺点。其计算公式为：

$$\alpha = \frac{n}{n-1}\left(1 - \frac{\sum \sigma_i^2}{\sum \sigma_i^2 + \sum \sigma_{ij}^2}\right) \tag{4-1}$$

其中，n 为量表题项数量；$\sum \sigma_i^2$ 为每个题项与被试得分的方差和；$\sum \sigma_{ij}^2$ 为协方差之和。α 系数取值范围为 0~1，通常情况下，α 系数越高，表明问卷信度越高。在对组织管理领域进行探索时，α 系数达到 0.7 时，代表问卷可以被接受，α 系数在 0.7~0.9 时，代表信度比较高，α 系数比 0.4 低时，代表低信度，必须拒绝。

4.4.1.2 效度指标：平均提取方差

平均提取方差表示变量解释的变异程度。AVE 的获取需要对 CFA 因子载荷进行计算。AVE 计算公式为：

$$AVE = \frac{\sum \lambda_i^2}{\sum \lambda_i^2 + \sum (1 - \lambda_i^2)} \tag{4-2}$$

其中，λ_i 为测量指标因子载荷。AVE 的变化范围为 0~1。聚合效度以及区分效度都能够运用 AVE 进行评估。如果 AVE 的值比 0.5 大，那么聚合效度较高。对区分效度进行评判时，可以借助 AVE 开方系数比较手段。

4.4.2 多元回归分析

本书使用多元回归分析方法研究分裂断层、组织学习和知识共享间的内在联系。多元回归分析指的是在对变量关系进行探索时，想要把样本散点以及回归方差平方和 W 降到最低，运用最小二乘法建立最优方程来对样本进行描述。我们可以运用以下公式获得 W 值：

$$W = \sum (Y_i - \hat{Y}_i)^2 \tag{4-3}$$

其中，Y_i 是第 i 个样本的值；$\hat{Y}_i$ 是回归后得出的值，即：

$$\hat{Y} = b_0 + b_1X_1 + b_2X_2 + \cdots + b_nX_n \tag{4-4}$$

4.4.3 中介效应检验

在理论模型中，将组织学习看作分裂断层以及知识共享之中的中介变量，对其存在以及作用路径做出分析与探讨。借鉴温忠麟和叶宝娟（2014）对中介效应检验成果的相应步骤，利用多元回归手段进行检索。

中介检验的分析步骤可以做出如下归纳：①对自变量 X 显著性以及其对因变量 Y 的影响进行检验。②对自变量 X 显著性以及其对中介变量 M 的影响进行检验，并找出中介变量 M 与因变量 Y 之间是否具有较为显著的联系。③对自变量 X 显著性及其对中介变量 M 以及因变量 Y 的显著性做出分析，判断其影响是不是非常显著，如果 X 对 Y 的影响不是非常显著，但对中介变量 M 的影响较为显著，那么其具备完全中介效应；若自变量 X 的显著性降低，并且中介变量 M 的回归结果是显著的，那么 M 具备部分中介效应，如图 4-1 所示。

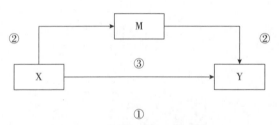

图4-1　中介效应的检验步骤

4.4.4　调节作用检验

本书运用多元调节回归分析方法（Moderated Multiple Regression，MMR）对调节作用进行检测，在自变量以及调节变量都为连续变量的背景下，该手段包括以下三个步骤（陈晓萍等，2012）：

（1）对连续变量做出中心化处理。自变量和调节变量与乘积项的联系较为密切，因此，中心化的主要目标是减少回归方程中共线性问题。具体做法是对自变量以及调节变量进行分析与掌控，在处理之后得出数据样本均值。

（2）构造乘积项。对中心化处理之后的自变量以及调节变量进行相乘，得出交互项。

（3）构造方程。在构造乘积项之后，把自变量、因变量与乘积项等都放到回归模型中，对检验作用进行调节，对乘积项进行分析。回归方程中需要对低阶变量进行代入，也就是在二维交互时包含一阶变量，三维交互时包含二阶以及一阶变量。

4.4.5　多重共线性检验

在计量经济学理论看来，如果解释变量间精确度较高，那么线性回归会出现偏差，这种现象被称为多重共线性。它指的是解释变量间线性相关性比较强，是统计分析中的常见偏差，导致回归系数偏差的出现。通常，多重共线性会对回归系数有所高估，对回归方程效果有较大的影响。变量间存在相关性这种现象的普遍存在，使多重共线性分析需要对变量间系数进行检验，分析其是否会影响回归系数，进而对模型解释造成影响。

判断模型是否存在多重共线性可以对方差膨胀因子进行计算。$(VIF)_j$ 表示自变量 X_j 的方差膨胀因子，其计算公式如下：

$$(VIF)_j = (1 - R_j^2)^{-1} \qquad (4-5)$$

其中，R_j^2 为自变量 X_j 计算出的复测定系数。每个变量通过计算都能够得出相应的 VIF，将自变量 X_j 中最大的 VIF 作为判断指标。一般情况下，如果最大的 $(VIF)_j$ 比 10 大，那么表明多重共线性较为显著。在回归方程中，1 个自变量 VIF 的值比 10 大，表明回归方程会受到多重共线性的相关影响，回归系数不是非常稳定。

容忍系数为 VIF 的倒数，如果 VIF 比 10 大，那么容忍系数就会比 0.1 小，因此，在实际研究中，如果出现这种情况，那么多重共线性就较为显著。

4.5　本章小结

本章对包括问卷设计、样本选择环节涉及的方法、数据收集、统计分析等方法进行了阐述。设计科学且合理的调查问卷，有助于保证通过信度和效度的检验；实施预调研，发现问卷存在的问题，并做出修正，然后实施正式调研获得研究数据；对样本可靠性以及问卷的效度做出检验，结果符合实证研究的要求；在指标确定之后对变量进行测量，使用科学的测量手段，确保分析的稳定性；对研究中使用的统计方法做出介绍，如信度和效度检验、多重共线性检验、多元回归分析、调节作用、中介效应等。以上步骤的完成，为实证研究提供了相应的支持。

❺

实证分析

本书主要对 SPSS 处理收集到的数据做出仔细梳理与分析，并做出相应假设，分为以下步骤：①对数据进行描述性统计与相关分析，了解数据特点，分析其是否会受到多重共线性的影响。②对本书中的理论模型进行合理检测，确保变量是有效的和可靠的。③运用最优尺度分析手段对理论模型以及假设进行验证。具体来讲，首先，检验分裂断层与组织学习、知识共享的关系。其次，检验组织学习与知识共享间的关系。最后，检验组织学习的中介作用，对连续变量做出中心化处理。自变量和调节变量与乘积联系较为密切，因此，中心化的主要目标是减少回归方程中共线性问题。具体做法是先对自变量以及调节变量进行分析与掌控，在处理后得出数据样本均值，最后对网络权力调节作用进行检测。

5.1　描述性统计与相关分析

在对数据做回归分析之前，对书中的各个变量做出统计性分析，具体包括平均值、标准差等指标。其中，这两个类别能够对样本特点进行体现，有关的系数则对变量间影响关系进行体现，并且能够防止共线性问题的产生，表 5-1 体现了变量的均值与标准差对样本基本统计特征的体现。

表 5-1 描述统计与相关分析

变量	均值	标准差	1	2	3	4	5	6	7	8	9	10
1. 群体内知识共享	3.752	1.151	1									
2. 群体外知识共享	2.821	1.682	-0.101*	1								
3. 属性型分裂断层	3.727	1.146	0.147*	-0.169*	1							
4. 关系型分裂断层	3.782	1.134	0.257**	-0.288**	0.098*	1						
5. 群体内探索式学习	3.656	1.413	0.328***	-0.256**	0.102*	0.187*	1					
6. 群体外探索式学习	3.855	1.038	0.331***	-0.176*	0.249**	0.301***	0.025	1				
7. 群体内利用式学习	3.054	2.031	-0.268**	0.156*	-0.234**	-0.179*	-0.097*	-0.101*	1			
8. 群体外利用式学习	2.956	1.968	-0.181*	0.138*	-0.167*	-0.287***	-0.062	0.042	-0.052	1		
9. 结构权力	3.321	1.923	0.283**	0.186*	0.038	0.135*	0.210*	0.208**	0.251**	0.156*	1	
10. 知识权力	3.463	1.826	0.221**	0.205**	0.067	0.186*	0.261**	0.229**	0.234**	0.162*	0.211**	1

注：①N=263；②***、**、*分别表示在0.1%、1%、5%水平下显著；③双尾检验。

由相关性分析的结果可以看出，部分变量之间存在一定的关系，但是系数不是很高，本书运用 Harman 单因素分析手段找出方法偏差问题，对多重共线性问题进行检测。本书计算了方差膨胀因子（VIF）以及容忍度（TOL），经检验，各回归模型的 VIF 值均小于 3，远小于方差膨胀因子的可接受水平（VIF<10）和评判标准（VIF<4），TOL 值在 0.300 左右，因此，本书涉及的变量之间不存在严重的多重共线性。

5.2 信度与效度检验

5.2.1 变量的信度检验

在进行假设检验之前，要合理分析变量的信度。信度分析有助于保证变量可靠解释特定社会现象，检验的一致性得以实现。本书使用 Cronbach's α 值对变量信度进行判断。通常情况下，Cronbach's α 值的范围为 0~1，如果 α 值越大，变量的信度就越高；反之，α 值越小，变量的信度就越低。α 值低于 0.3，意味着变量的内部一致性较差，应当拒绝；α 值为 0.3~0.7，意味着变量的内部一致性基本可以接受；α 值高于 0.7，表征信度较高，意味着变量的内部一致性较好。本书的接受标准采用 0.7。

采用 SPSS 20.0 软件对相关变量进行信度分析。评判标准为：①变量的总体 Cronbach's α 值，应大于 0.7 的标准；②各个题项测度删除后的 Cronbach's α 值均不高于对应的总体 Cronbach's α 值。

（1）分裂断层变量的信度。分裂断层主要包括属性型分裂断层和关系型分裂断层两个维度，因此，本书主要对这两个维度进行信度分析。由表 5-2 可以看出，属性型分裂断层的 Cronbach's α 值为 0.878，关系型分裂断层的 Cronbach's α 值为 0.852，均大于 0.7 的标准，可以信赖。对于各个题项测度删除后的 Cronbach's α 值均不高于对应的 Cronbach's α 值，表明每个题项的可信度良好，说明分裂断层问卷具有很好的信度。

表 5-2　分裂断层变量的信度

题项编号	项删除后的 Cronbach's α 值	题项编号	项删除后的 Cronbach's α 值
ADF1	0.835	RDF6	0.750
ADF2	0.840	RDF7	0.755
ADF3	0.847	RDF8	0.820
ADF4	0.841	RDF9	0.815
ADF5	0.856		
Cronbach's α 值为 0.878		Cronbach's α 值为 0.852	

（2）知识共享变量的信度。知识共享变量主要包括群体内知识共享和群体外知识共享两个维度，因此，本书主要对这两个维度进行信度分析。由表 5-3 可以看出，群体内知识共享的 Cronbach's α 值为 0.871，群体外知识共享的 Cronbach's α 值为 0.932，均大于 0.7 的标准，可以信赖。对于各个题项测度删除后的 Cronbach's α 值均不高于对应的 Cronbach's α 值，表明每个题项的可信度良好，说明知识共享的问卷具有很好的信度。

表 5-3　知识共享变量的信度

题项编号	项删除后的 Cronbach's α 值	题项编号	项删除后的 Cronbach's α 值
IKS1	0.826	OKS1	0.910
IKS2	0.866	OKS2	0.918
IKS3	0.841	OKS3	0.916
IKS4	0.840	OKS4	0.918
IKS5	0.848	OKS5	0.928
IKS6	—	OKS6	0.927
Cronbach's α 值为 0.871		Cronbach's α 值为 0.932	

注：IKS6 题项因不符合信度分析的评判标准而被删除。

（3）组织学习变量的信度。组织学习主要分为群体内探索式学习、群体内利用式学习、群体外探索式学习和群体外利用式学习四个维度，因此，本书主要对这四个维度进行信度分析。由表 5-4 可以看出，群体内探索式学习的 Cronbach's α 值为 0.884，群体内利用式学习的 Cronbach's α 值为 0.760，群体外探索式学习的 Cronbach's α 值为 0.873，群体外利用式学习的 Cronbach's α 值为 0.825，均大于 0.7 的标准，可以信赖。对于各个题项测度删除后的 Cronbach's α 值均不高于对应的 Cronbach's α 值，表明每个题项的可信度良好，说明组织学习问卷具有很好的信度。

表 5-4　组织学习变量的信度

题项编号	项删除后的 Cronbach's α 值	题项编号	项删除后的 Cronbach's α 值
IERL1	—	IEIL6	0.674
IERL2	0.850	IEIL7	0.722
IERL3	0.836	IEIL8	—
IERL4	0.880	IEIL9	0.726
IERL5	0.842	IEIL10	0.687
Cronbach's α 值为 0.884		Cronbach's α 值为 0.760	
题项编号	项删除后的 Cronbach's α 值	题项编号	项删除后的 Cronbach's α 值
OERL1	0.833	OERL6	0.778
OERL2	0.812	OERL7	0.781
OERL3	0.825	OERL8	0.792
OERL4	0.849	OERL9	0.788
OERL5	0.844	OERL10	0.810
Cronbach's α 值为 0.873		Cronbach's α 值为 0.825	

注：IERL1、IEIL8 题项因不符合信度检验要求而被删除。

（4）网络权力变量的信度。网络权力变量包括结构权力和知识权力两个维度，因此，本书主要对这两个维度进行信度分析。由表 5-5 可以看出，结构权力的 Cronbach's α 值为 0.809，知识权力的 Cronbach's α 值为 0.717，均大于 0.7 的标准，可以信赖。对于各个题项测度删除后的

Cronbach's α 值均不高于对应的 Cronbach's α 值，表明每个题项的可信度良好，说明分裂断层问卷具有很好的信度。

表 5-5　网络权力变量的信度

题项编号	项删除后的 Cronbach's α 值	题项编号	项删除后的 Cronbach's α 值
SP1	0.764	KP 5	0.691
SP2	0.757	KP 6	0.608
SP3	0.786	KP 7	0.662
SP4	0.731	KP 8	0.658
Cronbach's α 值为 0.809		Cronbach's α 值为 0.717	

5.2.2　变量的效度检验

（1）效度检验方法。

效度反映了变量测量的质量，是指测量题项能够真正测量出所要测量的现象或事物的真实程度。效度分析经常使用的方法是内容效度、聚合效度。

1）内容效度。内容效度是指测量题项所能涵盖研究主题的程度，即内容是否具有代表性。变量测量在实际研究中具有重要地位，对研究变量指标进行选择来表明实证分析结果的稳健性。变量指标的选择手段有两类：一是选择我国实践问题相关的英文文献，这种策略手段是有效的，得到了相应的有效性检验，很多变量都得到了前人的开发，形成较为成熟的量表。二是需要对原有量表的要求做出分析与考量，对我国本土管理实践做出仔细探讨，对量表做出合理调整，使量表与实际需求相符合。对问题提法进行调节，改变陈述手段，确保量表可以得到正确的理解，保障填写正确。

2）聚合效度。聚合效度是指测量题项集中反映了所要测量的构件或因子，即测量同一变量的各题项彼此显著相关。探索性因子分析（Exploratory

Factor Analysis，EFA）能够对聚合效度进行检测。探索性因子分析使用 SPSS 20.0 软件，采用主成分因子分析方法，运用最大方差旋转法旋转主轴，以获取主要的因子结构。主要的标准是：①KMO 大于 0.6，sig 值小于 0.05，表明题项之间显著相关，适合做因子分析。②特征根大于 1，结合碎石图来提取因子。③载荷小于 0.5，交叉载荷大于 0.35 的标准删除题项。

3）区分效度。区分效度是指不同潜变量之间可以有效区分的程度，目的是确保测量不同潜变量的题项，彼此相关度要低。主要采用验证性因子分析方法（CFA），若模型检验的绝对适配指数（RMSEA、GFI、AGFI 等）、增值适配指数（如 IFI、CFI、TLI 等）以及简约适配度指数（如 PGFI、χ^2/df 等）在可接受范围内，则表明问卷具有良好的效度。

由于本书所使用的量表主要是以国外学者开发的成熟量表为基础，这些测量题项在现有研究中多次使用，所以量表具有较好的内容效度。因此，下面的效度检验主要聚焦于聚合效度和区分效度检验，其中聚合效度采用探索性因子分析方法，区分效度检验采用验证性因子分析方法。

（2）分裂断层的效度。

1）探索性因子分析。根据前面的分析标准，分裂断层所含的所有题项 KMO 值为 0.720，大于 0.6；经过巴特利特球形检验，各个题项之间不相关的显著性水平为 0.000，小于 0.05，表明题项之间高度相关。运用探索性因子分析，对 9 个题项进行因子提取，根据碎石图和方差解释表对因子进行提取，共提取出 2 个因子，累计方差解释率为 69.56%，提取的主因子如表 5-6 所示。

表 5-6　分裂断层变量的探索性因子分析

题项编号	成分	
	属性型分裂断层（ADF）	关系型分裂断层（RDF）
ADF1	0.873	−0.008
ADF2	0.859	0.028
ADF3	0.832	0.111

续表

题项编号	成分	
	属性型分裂断层（ADF）	关系型分裂断层（RDF）
ADF4	0.848	0.083
ADF5	0.679	−0.120
RDF6	−0.052	0.941
RDF7	−0.052	0.936
RDF8	−0.025	0.819
RDF9	0.155	0.627

2）验证性因子分析。运用 AMOS 软件，构建分裂断层验证性因子分析模型，该模型包括两个因子，属性型分裂断层（ADF）和关系型分裂断层（RDF），其中属性型包括 5 个观测变量，关系型包括 4 个变量，具体模型如图 5-1 所示。

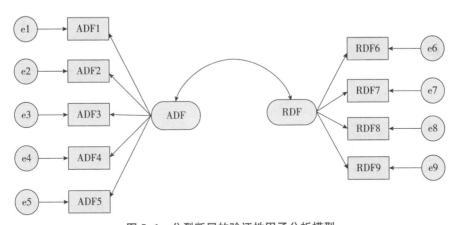

图 5-1　分裂断层的验证性因子分析模型

根据验证性因子分析模型，得出分裂断层验证性因子分析模型的拟合指标，如表 5-7 所示。结果表明各项指标均满足要求，说明分裂断层测量数据能够很好地与模型相匹配。

表 5-7　分裂断层验证性因子分析模型拟合结果

指标类型	检验项目	参数值	结果解释
绝对适配度指数	RMSEA	0.078	<0.08，适配度合理
	GFI	0.948	>0.9，适配度合理
	AGFI	0.897	接近于0.9，适配度合理
增值适配度指数	IFI	0.971	>0.9，适配度合理
	CFI	0.981	>0.9，适配度合理
	TLI	0.970	>0.9，适配度合理
简约适配度指数	PGFI	0.674	>0.5，适配度合理
	χ^2/df	2.911	<3，适配度良好

　　由验证性因子分析因素载荷表（见表 5-8）可知，所有路径的标准负荷值均高于 0.5，说明模型的基本适配度良好。同时，所有路径的 p 值均小于 0.001，表明模型拟合度良好，各路径均通过检测。验证性因子分析的结果表明，分裂断层测量问卷模型拟合指标较好，且每条路径均显著，说明分裂断层测量问卷具有较好的区分效度。

表 5-8　分裂断层验证性因子分析因素载荷表

路径	标准负荷值	Estimate	S. E.	C. R.	p
ADF1←ADF	0.955	1.000	—	—	—
ADF2←ADF	0.945	0.928	0.030	31.065	***
ADF3←ADF	0.530	0.536	0.055	9.818	***
ADF4←ADF	0.564	0.565	0.053	10.673	***
RDF5←ADF	0.526	0.535	0.576	9.717	***
RDF6←RDF	0.965	1.000	—	—	—
RDF7←RDF	0.983	0.983	0.019	52.178	***
RDF8←RDF	0.659	0.708	0.051	13.907	***
RDF9←RDF	0.531	0.501	0.059	7.659	***

注：*** 表示在 0.1% 水平下显著。

（3）知识共享的效度。

1）探索性因子分析。根据前面的分析标准，知识共享所含的所有题项 KMO 值为 0.875，大于 0.6；经过巴特利特球形检验，各个题项之间不相关的显著性水平为 0.000，小于 0.05，表明题项之间高度相关。运用探索性因子分析，对 11 个题项进行因子提取，根据碎石图和方差解释表对因子进行提取，共提取出 2 个因子，累计方差解释率为 71.593%，提取的主因子如表 5-9 所示。

表 5-9　知识共享变量的探索性因子分析

题项编号	成分	
	群体内知识共享（IKS）	群体外知识共享（OKS）
IKS1	0.011	0.876
IKS2	-0.081	0.746
IKS3	0.026	0.820
IKS4	0.134	0.834
IKS5	0.032	0.812
OKS1	0.917	0.050
OKS2	0.876	0.064
OKS3	0.884	0.066
OKS4	0.872	-0.002
OKS5	0.809	0.038
OKS6	0.821	-0.075

2）验证性因子分析。运用 AMOS 软件，构建知识共享验证性因子分析模型，该模型包括两个因子，群体内知识共享（IKS）和群体外知识共享（OKS），其中群体内知识共享（IKS）包括 5 个观测变量，群体外知识共享（OKS）包括 6 个变量，具体模型如图 5-2 所示。

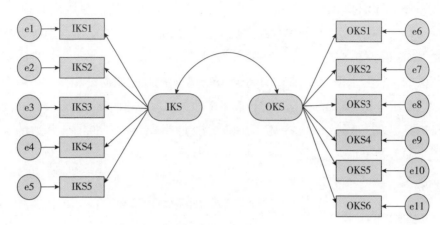

图 5-2 知识共享的验证性因子分析模型

根据验证性因子分析模型，得出知识共享验证性因子分析模型的拟合指标，如表 5-10 所示。结果表明各项指标均满足要求，说明知识共享测量数据能够很好地与模型相匹配。

表 5-10 知识共享验证性因子分析拟合结果

指标类型	检验项目	参数值	结果解释
绝对适配度指数	RMSEA	0.075	<0.08，适配度合理
	GFI	0.934	>0.9，适配度合理
	AGFI	0.898	接近于 0.9，适配度合理
增值适配度指数	IFI	0.967	>0.9，适配度合理
	CFI	0.967	>0.9，适配度合理
	TLI	0.958	>0.9，适配度合理
简约适配度指数	PGFI	0.608	>0.5，适配度合理
	χ^2/df	2.484	<3，适配度良好

由验证性因子分析因素载荷表（见表 5-11）可知，所有路径的标准负荷值均高于 0.5，说明模型的基本适配度良好。同时，所有路径 p 值均小于 0.001，表明模型拟合度良好，各路径均通过检测。验证性因子分析

的结果表明，知识共享测量问卷模型拟合指标较好，且每条路径均显著，说明知识共享测量问卷具有较好的区分效度。

表 5-11 知识共享验证性因子分析因素载荷表

路径	标准负荷值	Estimate	S. E.	C. R.	p
IKS1←IKS	0.860	1.000	—	—	—
IKS2←IKS	0.648	0.890	0.079	11.285	***
IKS3←IKS	0.751	0.970	0.071	13.741	***
IKS4←IKS	0.816	0.916	0.060	15.400	***
IKS5←IKS	0.756	1.100	0.079	13.862	***
OKS1←OKS	0.927	1.000	—	—	—
OKS2←OKS	0.860	0.980	0.046	21.302	***
OKS3←OKS	0.872	0.969	0.044	22.087	***
OKS4←OKS	0.833	0.865	0.044	19.790	***
OKS5←OKS	0.745	0.756	0.048	15.822	***
OKS6←OKS	0.762	0.810	0.049	16.464	***

注：*** 表示在 0.1% 水平下显著。

（4）组织学习。

1）探索性因子分析。根据前面的分析标准，运用探索性因子分析，对 18 个题项进行因子提取，其中，OERL5 因不符合要求而被剔除。对剩余的 17 个题项进行探索性因子分析得出，组织学习所含的所有题项 KMO 值为 0.8474，大于 0.6；经过巴特利特球形检验，各个题项之间不相关的显著性水平为 0.000，小于 0.05，表明题项之间高度相关。根据碎石图和方差解释表对因子进行提取，共提取出 4 个因子，累计方差解释率为 67.161%，提取的主因子如表 5-12 所示。

表 5-12　组织学习变量的探索性因子分析

题项编号	成分			
	群体内探索式学习	群体内利用式学习	群体外探索式学习	群体外利用式学习
IERL2	0.841	0.222	−0.016	0.069
IERL3	0.873	0.25	0.015	0.102
IERL4	0.813	0.101	0.013	0.072
IERL5	0.868	0.145	−0.047	0.102
IEIL6	0.065	0.157	−0.024	0.785
IEIL7	0.276	0.167	0.03	0.673
IEIL9	−0.051	0.216	−0.123	0.711
IEIL10	0.081	0.007	0.023	0.812
OERL1	−0.019	−0.208	0.828	−0.064
OERL2	0.009	−0.059	0.874	0.005
OERL3	−0.007	−0.114	0.822	0.006
OERL4	−0.016	−0.032	0.849	−0.044
OERL6	0.226	0.728	−0.143	0.142
OERL7	0.192	0.745	−0.15	0.073
OERL8	0.168	0.735	−0.028	0.171
OERL9	0.068	0.736	−0.218	0.146
OERL10	0.114	0.726	0.03	0.085

注：OERL5 题项因不符合探索性因子分析评判标准而被删除。

2）验证性因子分析。运用 AMOS 软件，构建组织学习验证性因子分析模型，该模型包括四个因子：群体内探索式学习（IERL）、群体内利用式学习（IEIL）、群体外探索式学习（OERL）和群体外利用式学习（OEIL），具体模型如图 5-3 所示。

根据验证性因子分析模型，得出组织学习验证性因子分析模型的拟合指标，如表 5-13 所示。结果表明各项指标均满足要求，说明组织学习测量数据能够很好地与模型相匹配。

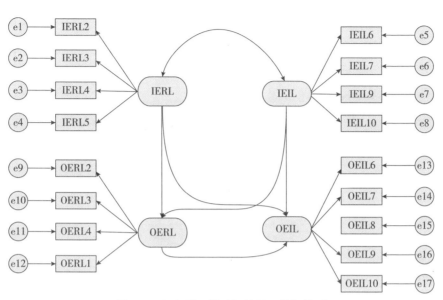

图 5-3 组织学习的验证性因子分析模型

表 5-13 组织学习验证性因子分析拟合结果

指标类型	检验项目	参数值	结果解释
绝对适配度指数	RMSEA	0.047	<0.08，适配度合理
	GFI	0.926	>0.9，适配度合理
	AGFI	0.899	接近于 0.9，适配度合理
增值适配度指数	IFI	0.968	>0.9，适配度合理
	CFI	0.967	>0.9，适配度合理
	TLI	0.961	>0.9，适配度合理
简约适配度指数	PGFI	0.684	>0.5，适配度合理
	χ^2/df	1.575	<3，适配度良好

由验证性因子分析因素载荷表（见表 5-14）可知，所有项目的标准负荷值均高于 0.5，说明模型的基本适配度良好。同时，所有路径 p 值均小于 0.001，表明模型拟合度良好，各路径均通过检测。验证性因子分析的结果表明，组织学习测量问卷模型拟合指标较好，且每条路径均显著，

说明组织学习测量问卷具有较好的区分效度。

表 5-14 组织学习验证性因子分析因素载荷表

项目	标准负荷值	Estimate	S. E.	C. R.	P
IERL2←IERL	0. 837	1. 000	—	—	—
IERL3←IERL	0. 915	1. 036	0. 057	18. 303	***
IERL4←IERL	0. 720	1. 148	0. 088	13. 106	***
IERL5←IERL	0. 838	1. 352	0. 083	16. 326	***
IEIL6←IEIL	0. 738	1. 000	—	—	—
IEIL7←IEIL	0. 643	0. 964	0. 112	8. 592	***
IEIL9←IEIL	0. 614	0. 774	0. 090	8. 283	***
IEIL10←IEIL	0. 684	1. 110	0. 124	8. 967	***
OERL1←OERL	0. 821	1. 000	—	—	—
OERL2←OERL	0. 833	1. 012	0. 070	14. 544	***
OERL3←OERL	0. 758	0. 971	0. 074	13. 052	***
OERL4←OERL	0. 772	0. 996	0. 075	13. 339	***
OEIL6←OEIL	0. 770	1. 000	—	—	—
OEIL7←OEIL	0. 746	0. 961	0. 084	11. 471	***
OEIL8←OEIL	0. 675	0. 748	0. 072	10. 374	***
OEIL9←OEIL	0. 703	1. 010	0. 093	10. 821	***

注：*** 表示在 0.1% 水平下显著。

（5）网络权力的效度。

1）探索性因子分析。根据前面的分析标准，分裂断层所含的所有题项 KMO 值为 0.818，大于 0.6；经过巴特利特球形检验，各个题项之间不相关的显著性水平为 0.000，小于 0.05，表明题项之间高度相关。运用探索性因子分析，对 8 个题项进行因子提取，根据碎石图和方差解释表对因子进行提取，共提取出 2 个因子，累计方差解释率为 60.202%，提取的主因子如表 5-15 所示。

表 5-15 网络权力变量的探索性因子分析

题项编号	成分	
	结构权力（SP）	知识权力（KP）
SP1	0.808	0.034
SP2	0.781	0.179
SP3	0.690	0.303
SP4	0.840	0.068
KP5	−0.028	0.726
KP6	0.057	0.817
KP7	0.278	0.661
KP8	0.295	0.665

2）验证性因子分析。运用 AMOS 软件，构建网络权力验证性因子分析模型，该模型包括两个因子：知识权力（KP）和结构权力（SP），具体模型如图 5-4 所示。

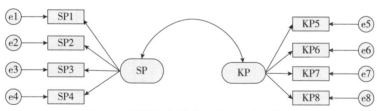

图 5-4 网络权力的验证性因子分析模型

根据验证性因子分析模型，得出网络权力验证性因子分析模型的拟合指标，如表 5-16 所示。结果表明各项指标均满足要求，说明网络权力测量数据能够很好地与模型相匹配。

由验证性因子分析因素载荷表（见表 5-17）可知，所有项目的标准负荷值均高于 0.5，说明模型的基本适配度良好。同时，所有路径 p 值均小于 0.001，表明模型拟合度良好，各路径均通过检测。验证性因子分析的结果表明，组织学习测量问卷模型拟合指标较好，且每条路径均显著，说明组织学习测量问卷具有较好的区分效度。

表5-16　网络权力验证性因子分析拟合结果

指标类型	检验项目	参数值	结果解释
绝对适配度指数	RMSEA	0.073	<0.08，适配度合理
	GFI	0.957	>0.9，适配度合理
	AGFI	0.918	>0.9，适配度合理
增值适配度指数	IFI	0.955	>0.9，适配度合理
	CFI	0.955	>0.9，适配度合理
	TLI	0.933	>0.9，适配度合理
简约适配度指数	PGFI	0.505	>0.5，适配度合理
	χ^2/df	2.380	<3，适配度良好

表5-17　网络权力验证性因子分析因素载荷表

项目	标准负荷值	Estimate	S.E.	C.R.	p
SP1←SP	0.710	1.000	—	—	—
SP2←SP	0.726	0.878	0.088	9.984	***
SP3←SP	0.666	0.819	0.876	9.303	***
SP4←SP	0.776	1.021	0.098	10.425	***
KP5←KP	0.518	1.000	—	—	—
KP6←KP	0.694	1.281	0.193	6.634	***
KP7←KP	0.651	1.300	0.200	6.486	***
KP8←KP	0.641	1.332	0.207	6.444	***

注：*** 表示在0.1%水平下显著。

5.3　假设检验

本节主要以收集到的数据为基础，运用回归分析法，使用SPSS 20.0分析软件对第3章提出的分裂断层、组织学习、网络权力与知识共享的关系假设进行假设检验，主要分为三个步骤：一是检验直接效应假设，二是检验中介效应假设，三是检验调节效应假设。

5.3.1 直接效应检验

5.3.1.1 分裂断层与组织学习的影响关系检验

对表 5-18 分析得出，属性型分裂断层对群体内探索式学习与群体内利用式学习具有显著的正向影响（β = 0.124，p<0.05；β = 0.283，p<0.01）；关系型分裂断层对群体内探索式学习与群体内利用式学习具有显著的正向影响（β = 0.221，p<0.01；β = 0.334，p<0.001）。模型 3b 与模型 4b 的回归分析结果显示，属性型分裂断层对群体外探索式学习与群体外利用式学习具有显著的负向影响（β = -0.201，p<0.01；β = -0.104，p<0.05）；关系型分裂断层对群体外探索式学习与群体外利用式学习具有显著的负向影响（β = -0.192，p<0.01；β = -0.313，p<0.001）。这说明在技术创新网络中，成员感知到的分裂断层越强烈，对群体内企业间学习的积极作用越大，对群体内与群体外企业间学习的消极作用越明显。

表 5-18 分裂断层对组织学习的直接效应检验

变量	群体内探索式学习		群体内利用式学习		群体外探索式学习		群体外利用式学习	
	模型 1a	模型 1b	模型 2a	模型 2b	模型 3a	模型 3b	模型 4a	模型 4b
企业年龄	0.201**	0.225**	0.215*	0.234*	0.105*	0.115*	0.112*	0.116*
企业规模	0.247**	0.248**	0.234*	0.238**	0.107*	0.124*	0.061	0.073
属性型分裂断层	—	0.124*	—	0.283**	—	-0.201**	—	-0.104*
关系型分裂断层	—	0.221**	—	0.334***	—	-0.192**	—	-0.313***
F 值	11.151***	12.013***	10.086***	13.399***	9.335***	11.204***	12.700***	19.813***
R^2	0.079	0.157	0.072	0.172	0.067	0.148	0.089	0.235

注：***、**、*分别表示在 0.1%、1%、5% 水平下显著。

首先，通过表 5-18 得到分裂断层影响不同类型组织学习的回归系数。

其次，将需要比较的因变量，即不同类型组织学习相减构建新变量，如群体内利用式学习-群体内探索式学习。再次，对自变量分裂断层与新变量进行回归分析，若结果显著，则说明分裂断层对不同类型组织学习的影响具有差异。最后，对表5-18中同一自变量与不同因变量的回归系数进行 T 检验，若结果显著，则说明回归系数大的作用更大，具体分析结果如表5-19所示。

表 5-19 作用大小比较结果

自变量	回归系数	显著性	结果
属性型分裂断层	$\beta_{ADF\to IERL}$ vs $\beta_{ADF\to IEIL} = 0.124^{*}$ vs 0.283^{**}	$p<0.05$	$\beta_{ADF\to IERL}<\beta_{ADF\to IEIL}$
属性型分裂断层	$\beta_{ADF\to OERL}$ vs $\beta_{ADF\to OEIL} = -0.201^{**}$ vs -0.104^{*}	$p<0.05$	$\beta_{ADF\to OERL}>\beta_{ADF\to OEIL}$
关系型分裂断层	$\beta_{RDF\to IERL}$ vs $\beta_{RDF\to IEIL} = 0.221^{**}$ vs 0.334^{***}	$p<0.001$	$\beta_{RDF\to IERL}<\beta_{RDF\to IEIL}$
关系型分裂断层	$\beta_{RDF\to OERL}$ vs $\beta_{RDF\to OEIL} = -0.192^{**}$ vs -0.313^{***}	$p<0.01$	$\beta_{RDF\to OERL}<\beta_{RDF\to OEIL}$

注：*** 、** 、* 分别表示在 0.1%、1%、5%水平下显著。

由表5-19可以看出，属性型分裂断层对群体内利用式学习的影响强于群体内探索式学习（$p<0.05$），H1a 得到验证。属性型分裂断层对群体外探索式学习的影响强于群体外利用式学习（$p<0.05$），H1b 得到验证。关系型分裂断层对群体内利用式学习的影响强于群体内探索式学习（$p<0.001$），H1c 得到验证。关系型分裂断层对群体外利用式学习的影响强于群体外探索式学习（$p<0.01$），H1d 得到验证。

5.3.1.2 分裂断层与知识共享的影响关系检验

对表5-20分析得出，属性型分裂断层对群体内知识共享具有积极的影响效果（$\beta=0.126$，$p<0.05$）；关系型分裂断层对群体内知识共享有显著的正向影响（$\beta=0.314$，$p<0.001$）。这说明在技术创新网络中，成员感知到的分裂断层越强烈，对群体内企业间知识共享的积极影响越大。H2a 与 H2c 得到验证。

表 5-20　分裂断层对群体内知识共享的直接效应检验

变量	群体内知识共享					
	模型 5a	模型 5b	模型 5c	模型 5d	模型 5e	模型 5f
企业年龄	0.264**	0.215**	0.217**	0.236*	0.227**	0.237**
企业规模	0.242**	0.228**	0.235**	0.251**	0.244**	0.253**
属性型分裂断层	—	0.126*	—	—	—	—
关系型分裂断层	—	0.314***	—	—	—	—
群体内探索式学习	—	—	0.267**	—	—	—
群体内利用式学习	—	—	0.369***	—	—	—
群体外探索式学习	—	—	—	-0.261**	—	-0.277**
群体外利用式学习	—	—	—	—	-0.198**	-0.190**
F 值	22.403***	34.884***	40.892***	36.824***	26.080***	40.720***
R^2	0.147	0.351	0.388	0.299	0.232	0.387

注：***、**、*分别表示在 0.1%、1%、5%水平下显著。

对表 5-21 分析得出，属性型分裂断层对知识共享具有消极影响（$\beta =$ -0.099，$p<0.05$）；关系型分裂断层对群体外知识共享有显著的负向影响（$\beta = -0.208$，$p<0.01$）。这说明在技术创新网络中，成员感知到的分裂断层越强烈，对群体内与群体外企业间知识共享的消极影响越大。H2b 与 H2d 得到验证。

表 5-21　分裂断层对群体外知识共享的直接效应检验

变量	群体外知识共享					
	模型 6a	模型 6b	模型 6c	模型 6d	模型 6e	模型 6f
企业年龄	0.102*	0.098*	0.101*	0.106*	0.106*	0.097*
企业规模	0.114*	0.102*	0.103*	0.114*	0.106*	0.103*
属性型分裂断层	—	-0.099*	—	—	—	—
关系型分裂断层	—	-0.208**	—	—	—	—
群体内探索式学习	—	—	-0.264**	—	-0.271**	—
群体内利用式学习	—	—	—	-0.147*	-0.129*	—
群体外探索式学习	—	—	—	—	—	0.201**

续表

变量	群体外知识共享					
	模型 6a	模型 6b	模型 6c	模型 6d	模型 6e	模型 6f
群体外利用式学习	—	—	—	—	—	0. 238 **
F 值	15. 089 ***	23. 495 ***	35. 952 ***	34. 751 ***	40. 378 ***	31. 340 ***
R^2	0. 104	0. 267	0. 294	0. 287	0. 385	0. 327

注：*** 、** 、* 分别表示在 0.1%、1%、5%水平下显著。

5.3.1.3 组织学习与知识共享的影响关系检验

由表 5-20 可以看出，模型 5c 的回归分析结果显示群体内探索式学习对群体内知识共享有显著的正向影响（β = 0.267，p<0.01）；群体内利用式学习对群体内知识共享有显著的正向影响（β = 0.369，p<0.001）。这说明在技术创新网络中，群体内的探索式学习与利用式学习有利于群体内企业间知识共享。H3a 得到验证。

由表 5-21 可以看出，模型 6e 的回归分析结果显示群体内探索式学习对群体外知识共享有显著的负向影响（β = -0.271，p<0.01）；群体内利用式学习对知识共享具有消极影响（β = -0.129，p<0.05）。为比较上述不同类型组织学习对知识共享的作用差异，本书借鉴 Liu 等（2009）、魏龙和党兴华（2017）的方法。首先，构建不同自变量单独影响因变量的回归模型，以及多个自变量同时影响因变量的回归模型。其次，对比同时加入多个自变量模型与单独自变量模型的 R^2 变化，变化更大的解释力度更强。最后，对多个自变量模型中的回归系数进行 T 检验。

根据表 5-21 中的回归结果，在群体内探索式学习的基础上加入群体内利用式学习后，模型 6e 解释度变化为 $\Delta R^2_{模型6e-模型6c} = R^2_{模型6e} - R^2_{模型6c} = 0.027$。在群体内利用式学习的基础上加入群体内探索式学习后，模型 6e 解释度变化为 $\Delta R^2_{模型6e-模型6d} = R^2_{模型6e} - R^2_{模型6d}$。由于 $\Delta R^2_{模型6e-模型6c} < \Delta R^2_{模型6e-模型6d}$，说明群体内探索式学习对群体外知识共享的作用更强。此外，在模型 6e 中，群体内探索式学习的回归系数绝对值（β = -0.271，p<0.01）大于回

归系数绝对值，且 t 检验结果表明两者对群体外知识共享的作用大小存在显著差异（t=3.875，p<0.001）。这说明在技术创新网络中，群体内探索式学习对群体内与群体外企业间知识共享的作用大于群体内利用式学习。H3b 得到验证。

由表 5-21 可以看出，模型 6f 的回归分析结果显示群体外探索式学习对群体外知识共享有显著的正向影响（β=0.201，p<0.01）；群体外利用式学习对知识分析起到积极影响（β=0.238，p<0.01）。这说明在技术创新网络中，群体外的探索式学习与利用式学习有利于群体内与群体外企业间知识共享。H3c 得到验证。

由表 5-20 可以看出，模型 5f 的回归分析结果显示群体外探索式学习对群体内知识共享有显著的负向影响（β=-0.277，p<0.01）；群体外利用式学习对群体内知识共享有显著的负向影响（β=-0.190，p<0.01）。同样，采用上述方法可以检验不同类型群体外学习对群体内知识共享的作用大小。

根据表 5-20 中的回归结果，在群体外探索式学习的基础上加入群体外利用式学习后，模型 5f 解释度变化为 $\Delta R^2_{模型5f-模型5d} = R^2_{模型5f} - R^2_{模型5d} = 0.088$。在群体外利用式学习的基础上加入群体外探索式学习后，模型 5f 解释度变化为 $\Delta R^2_{模型5f-模型5e} = R^2_{模型5f} - R^2_{模型5e}$。由于 $\Delta R^2_{模型5f-模型5d} < \Delta R^2_{模型5f-模型5e}$，说明群体外探索式学习对群体内知识共享的作用更强。此外，模型 5f 中群体外探索式学习的回归系数绝对值（β=-0.277，p<0.01）大于群体外利用式学习的回归系数绝对值（β=-0.190，p<0.01），且 t 检验结果表明两者对群体内知识共享的作用大小存在显著差异（t=4.895，p<0.001）。这说明在技术创新网络中，群体外探索式学习对群体内企业间知识共享的作用大于群体外利用式学习。H3d 得到验证。

5.3.2　中介效应检验

5.3.2.1　群体内学习在分裂断层与群体内知识共享间的中介效应检验

按照前文检验中介效应的程序和方法，检验群体内学习在分裂断层和群体内知识共享之间有没有中介效用，本书提出中介假设，每个假设都分为不同步骤。第一步，验证解释变量分裂断层是否对中介变量存在显著性影响。在前文检验直接效应假设 H1a、H1c 时，回归结果表明两类分裂断层与两类群体内学习之间都显著正相关。第二步，验证解释变量是否对被解释变量存在显著性的影响。在前文检验直接效应假设 H2a、H2c 时，回归结果表明两类分裂断层与两类群体内知识共享之间都显著正相关。第三步，将解释变量与中介变量作为解释变量与被解释变量进行回归。由表 5-22 中的回归结果可知，模型 5g 中属性型分裂断层的系数并不是非常明显（β=0.031，p>0.05），关系型分裂断层的系数显著，且相对模型 5b 变小（β=0.201，p<0.01）。因此，判定群体内探索式学习、群体内利用式学习在属性型分裂断层和群体内知识共享间具有完全中介效应，群体内探索式学习、群体内利用式学习在关系型分裂断层和群体内知识共享间具有部分中介效应。H4a 得到验证。

表 5-22　群体内学习在分裂断层与群体内知识共享之间的中介效应检验

变量	群体内探索式学习	群体内利用式学习	群体内知识共享		
	模型 1b	模型 2b	模型 5b	模型 5c	模型 5g
企业年龄	0.225 **	0.234 *	0.215 **	0.217 **	0.208 **
企业规模	0.248 **	0.238 **	0.228 **	0.235 **	0.212 **
属性型分裂断层	0.124 *	0.283 **	0.126 *	—	0.031
关系型分裂断层	0.221 **	0.334 ***	0.314 ***	—	0.201 **
群体内探索式学习	—	—	—	0.267 **	0.244 **
群体内利用式学习	—	—	—	0.369 ***	0.302 ***
F 值	12.012 ***	13.399 ***	34.884 ***	40.892 ***	59.300 ***
R^2	0.157	0.172	0.351	0.388	0.479

注：***、**、*分别表示在 0.1%、1%、5%水平下显著。

5.3.2.2 群体外学习在分裂断层与群体外知识共享间的中介效应检验

同样，按照上述方法检验群体外学习在分裂断层和群体外知识共享之间是否存在中介效应。第一步，验证解释变量分裂断层是否对中介变量存在显著性影响。在前文检验直接效应假设 H1b、H1d 时，回归结果表明两类分裂断层与两类群体外学习之间都显著负相关。第二步，验证解释变量是否对被解释变量存在显著性的影响。在前文检验直接效应假设 H2b、H2d 时，回归结果表明两类分裂断层与两类群体外知识共享之间都显著负相关。第三步，对解释变量与中介变量做回归分析。

由表 5-23 中的回归结果可以看出，模型 6g 中属性型分裂断层的系数显著，且相对模型 6b 绝对值变小（β＝-0.092，p<0.05），关系型分裂断层的系数不显著（β＝-0.064，p>0.05），说明群体外探索式学习在属性型分裂断层和群体外知识共享间具有部分中介效应，群体外探索式学习、群体外利用式学习在关系型分裂断层和群体外知识共享间具有完全中介效应。H4b 得到验证。

表 5-23 群体外学习在分裂断层与群体外知识共享之间的中介效应检验

变量	群体外探索式学习	群体外利用式学习	群体外知识共享		
	模型 3b	模型 4b	模型 6b	模型 6f	模型 6g
企业年龄	0.115*	0.116*	0.098*	0.097*	0.097*
企业规模	0.124*	0.073	0.102*	0.103*	0.101*
属性型分裂断层	-0.201**	-0.104*	-0.099*		-0.092*
关系型分裂断层	-0.192**	-0.313***	-0.208**		-0.064
群体外探索式学习				0.201**	0.192**
群体外利用式学习				0.238**	0.215**
F 值	11.204**	9.894***	23.495***	31.340***	31.925***
R^2	0.148	0.133	0.267	0.327	0.428

注：***、**、*分别表示在 0.1%、1%、5%水平下显著。

5.3.3 调节效应检验

5.3.3.1 结构权力的调节作用

由表 5-24 可以看出，模型 7b 的回归分析结果显示结构权力×属性型分裂断层对群体内知识共享具有显著的正向影响（β＝0.315，p<0.001）；结构权力×关系型分裂断层对群体内知识共享具有显著的正向影响（β＝0.402，p<0.001）。说明结构权力能够促进属性型分裂断层与关系型分裂断层对群体内知识共享的正向作用。H5a 得到验证。

表 5-24 网络权力的调节效应检验

变量	群体内知识共享			群体外知识共享		
	模型 7a	模型 7b	模型 7c	模型 8a	模型 8b	模型 8c
企业年龄	0.197**	0.154*	0.059	0.032	0.021	0.023
企业规模	0.201**	0.198**	0.135*	0.121*	0.108*	0.097*
属性型分裂断层	0.115*	0.124*	0.102*	−0.168*	−0.235**	−0.201**
关系型分裂断层	0.309***	0.297***	0.258**	−0.257**	−0.317***	−0.209**
结构权力	0.426***	0.389***	0.357***	0.265**	0.264**	0.258**
知识权力	0.355***	0.345***	0.301***	0.247**	0.241**	0.226**
结构权力×属性型分裂断层	—	0.315***	0.304***	—	0.112*	0.104*
结构权力×关系型分裂断层	—	0.402***	0.388***	—	0.158*	0.174*
知识权力×属性型分裂断层	—	—	0.241**	—	—	0.157*
知识权力×关系型分裂断层	—	—	0.302***	—	—	0.168*
知识权力×结构权力	—	—	0.411***	—	—	0.012
知识权力×结构权力×属性型分裂断层	—	—	0.225**	—	—	0.034
知识权力×结构权力×关系型分裂断层	—	—	0.467***	—	—	0.072
F 值	21.784***	23.086***	58.079***	23.792***	24.644***	30.212***
R^2	0.338	0.569	0.752	0.358	0.437	0.612

注：***、**、*分别表示在0.1%、1%、5%水平下显著。

模型 8b 的回归分析结果显示，结构权力×属性型分裂断层对群体外知识共享具有显著的正向影响（β＝0.112，p<0.05）；结构权力×关系型分裂断层对群体外知识共享具有显著的正向影响（β＝0.158，p<0.05）。说明结构权力能够降低属性型分裂断层与关系型分裂断层对群体外知识共享的负向作用。H5b 得到验证。

为了进一步确定结构权力的调节作用，本书参考 Aiken 和 West（1991）的方法，根据模型 7b 和模型 8b 绘制了结构权力的调节效应图，如图 5-5 所示，当结构权力较高时，属性型分裂断层与关系型分裂断层对群体内知识共享的正向作用更大。结果进一步支持了 H5a。

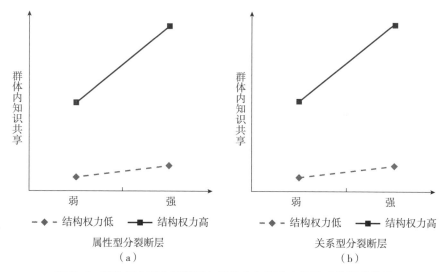

图 5-5　结构权力对分裂断层与群体内知识共享间关系的调节作用

由图 5-6 可知，当结构权力较低时，属性型分裂断层与关系型分裂断层对群体外知识共享具有负向作用，而结构权力较高时，属性型分裂断层与关系型分裂断层对群体外知识共享具有明显的正向作用。这说明结构权力能够降低分裂断层对群体外知识共享的负面作用。结果进一步支持了 H5b。

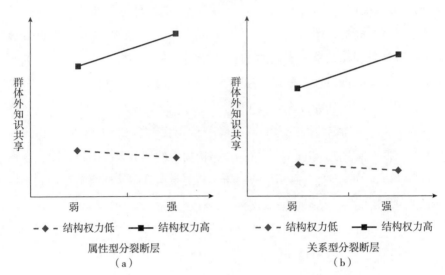

图 5-6　结构权力对分裂断层与群体外知识共享间关系的调节作用

5.3.3.2　知识权力的调节作用

模型 7c 的回归分析结果显示，知识权力×结构权力×属性型分裂断层对群体内知识共享具有显著的正向影响（$\beta = 0.225$，$p < 0.01$）；知识权力×结构权力×关系型分裂断层对群体内知识共享具有显著的正向影响（$\beta = 0.467$，$p < 0.001$）。这说明知识权力较高时，结构权力会进一步增强分裂断层对群体内知识共享的正向作用。H5c 得到验证。

按照上述方法，本书绘制了知识权力、结构权力与分裂断层对群体内知识共享的三维交互效应，如图 5-7 所示。当结构权力较低时，知识权力越高，属性型分裂断层与关系型分裂断层对群体内知识共享的正向作用越大。同样，当结构权力较高时，知识权力越高，属性型分裂断层与关系型分裂断层对群体内知识共享的正向作用越大。H5c 得到验证。

模型 8c 的回归分析结果显示，知识权力×结构权力×属性型分裂断层对群体外知识共享的作用不显著（$\beta = 0.034$，$p > 0.05$）；知识权力×结构权力×关系型分裂断层对群体外知识共享的作用不显著（$\beta = 0.072$，$p >$

0.05）。H5d 未得到验证。

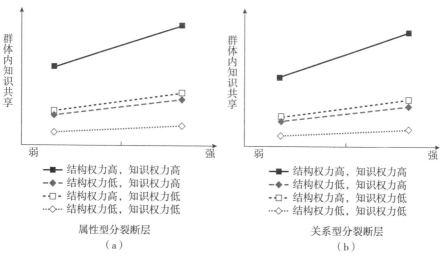

图 5-7　知识权力、结构权力与分裂断层对群体内知识共享的三维交互效应

5.4　本章小结

以上模型验证结果表明，在本书研究提出的假设中，17 个得到了验证，1 个没有得到验证。假设检验的结果如表 5-25 所示。

表 5-25　假设检验结果

序号	假设	假设内容	结果
1	H1a	属性型分裂断层正向影响群体内企业间学习，并且相对于群体内探索式学习而言，属性型分裂断层对群体内利用式学习的作用更强	通过
2	H1b	属性型分裂断层负向影响群体内与群体外企业间学习，并且相对于群体外利用式学习而言，属性型分裂断层对群体外探索式学习的作用更强	通过
3	H1c	关系型分裂断层正向影响群体内企业间学习，并且相对于群体内探索式学习而言，关系型分裂断层对群体内利用式学习的作用更强	通过

序号	假设	假设内容	结果
4	H1d	关系型分裂断层负向影响群体内与群体外企业间学习，并且相对于群体外探索式学习而言，关系型分裂断层对群体外利用式学习的作用更强	通过
5	H2a	属性型分裂断层对群体内企业间知识共享起到正向影响效果	通过
6	H2b	属性型分裂断层负向影响群体内与群体外企业间知识共享	通过
7	H2c	关系型分裂断层对群体内企业间知识共享起到正向影响效果	通过
8	H2d	关系型分裂断层负向影响群体内与群体外企业间知识共享	通过
9	H3a	群体内学习对群体内企业间知识共享具有积极作用	通过
10	H3b	群体内学习对群体内与群体外企业间知识共享具有消极作用，并且相对于群体内利用式学习而言，群体内探索式学习对群体内与群体外企业间知识共享的作用更强	通过
11	H3c	群体外学习对群体内与群体外企业间知识共享具有积极作用	通过
12	H3d	群体外学习对群体内企业间知识共享具有消极作用，并且相对于群体外利用式学习而言，群体外探索式学习对群体内企业间知识共享的作用更强	通过
13	H4a	群体内学习在分裂断层与群体内知识共享间起中介作用	通过
14	H4b	群体外学习在分裂断层与群体外知识共享间起中介作用	通过
15	H5a	结构权力正向调节分裂断层对群体内知识共享的影响，即结构权力会加强分裂断层对群体内企业间知识共享的正向影响	通过
16	H5b	结构权力正向调节分裂断层对群体外知识共享的影响，即结构权力会减弱分裂断层对群体内与群体外企业间知识共享的负向影响	通过
17	H5c	知识权力正向调节结构权力对分裂断层与群体内知识共享间关系的调节作用，即知识权力越高，越能增强分裂断层对群体内企业间知识共享的正向影响	通过
18	H5d	知识权力正向调节结构权力对分裂断层与群体外知识共享间关系的调节作用，即知识权力越高，越能减弱分裂断层对群体内与群体外企业间知识共享的负向影响	未通过

6

结果讨论

本章主要对第 5 章节研究模型的实证检验结果进行分析，并对检验结果的内涵进行分析与论述。

6.1 分裂断层对组织学习的直接影响

在 H1a 至 H1d 中，本书分别提出属性型分裂断层、关系型分裂断层等对群体内探索式学习和利用式学习具有正向影响，对群体外探索式学习和利用式学习具有负向影响。从假设检验结果可知，H1a 至 H1d 均得到支持。

属性型分裂断层是技术创新网络固有的属性，具有以地理为基础的先验特点，强调伙伴间的相似性聚类。属性型分裂断层会在创新网络中引发群体内与群体外子群问题，分裂断层内成员交互会对成员间的紧张关系起到沟通协调作用，群体内较高的相似性也会促进伙伴间知识的吸收。尽管属性聚合引发的属性型分裂断层能够促进群体内学习，但对不同学习方式的作用程度存在差异。随着属性型分裂断层的不断增强，群体内成员间的相似性也不断增强，分裂断层带来的凝聚性和同质化过程会促进群体内企业间的利用式学习。但是，这种同质化倾向和信息冗余会对伙伴间新颖性知识的获取产生影响。因此，相对于群体内探索式学习而言，属性型分裂断层对群体内利用式学习的正向作用更大；对于群体外企业间合作而言，属性型分裂断层会阻碍群体内企业与群体外或群体间企业的合作交流。不同群体间企业的知识存在较大差异，不同群体间的竞争也会阻碍群体内与群体外企业间的合作。由于属性型分裂断层引起的群体内相似性与群体外差异性，无论是群体内的技术锁定与网络僵化惰化，还是群体内与群体外的竞争与偏见，抑或是群体内与群体外的合作交流减少，不同群体成员对自身知识的保护等，都对企业从群体外获取新颖性知识的影响更大。因此，相对于群体外利用式学习而言，属性型分裂断层对群体外探索式学习的负向作用更大。

关系型分裂断层通过企业间直接的合作关系聚合产生子群问题。通过加强群体内的凝聚力，关系型分裂断层还能促进群体内成员的社会认同感，提升企业间的信任程度，促使群体内成员间相互学习。关系紧密的企业间容易形成凝聚力子群，而凝聚力子群又会进一步加强群体内企业间的关系强度。高水平的协作强度意味着合作伙伴投入了大量的时间和精力来帮助彼此，使彼此之间信任程度更高。群体内组织之间进行知识和信息交换的信息共享机制形成了组织记忆，其有助于不断学习，激励持续创新。尽管关系型分裂断层能够促进群体内学习，但对不同学习方式的作用程度存在差异。一方面，关系型分裂断层增强了群体内凝聚力、认同感和信任水平，将进一步导致群体内成员在学习过程中更倾向于本地搜寻策略。另一方面，关系型分裂断层增强了群体内企业间的合作紧密度，虽然这确保了能获得更大数量的信息，但也限制了获取新颖性信息的潜力。关系型分裂断层产生的紧密关系、信任、本地搜寻等，能在很大程度上促进对现有技术的细化、降低不确定性和搜寻成本（Yan，Guan，2018）。相对而言，探索式学习对新颖性信息要求较高，关系型分裂断层产生的凝聚力、信任等对探索式学习作用程度不大。因此，关系型分裂断层对群体内利用式学习的正向作用更大；对群体外学习而言，关系型分裂断层会阻碍群体内企业与群体外或群体间企业的学习过程。因为关系型分裂断层引起的群体内与群体外的子群问题，所以产生了子群边界，使两边的企业间的学习存在差异，群体内企业间的互动学习频繁，而群体外企业间的互动学习较少。

不同群体间的竞争不利于企业的学习，对知识的流通产生阻碍作用，企业间的合作受其约束，企业能够搜寻的资源较为有限。在企业与伙伴构建较好的合作关系后，子群外企业寻找伙伴的机会就会受到阻碍。因此，关系型分裂断层会阻碍群体外企业间的学习。尽管关系聚合引发的关系型分裂断层能够阻碍群体外学习，但对不同学习方式的作用程度存在差异。虽然关系型分裂断层阻碍了群体间的互动学习频率，但由于弱关系具有低成本和低信息冗余的优点，群体内与群体外企业间的弱关系会为探索式学习带来必要的新颖性信息，且低交互频率的弱关系很少受到网络的限制，更容易独立行动。这种独立性使新知识的探索和挖掘更容易与现有知识分离。这种企业在知识创新中的独立性的形成促进了探索式学习。因此，相对于群体外利用式学习而言，关系型分裂断层对群体外探索式学习的负向作用更小。

6.2　分裂断层对知识共享的直接影响

H2a 至 H2d 提出属性型分裂断层与关系型分裂断层正向影响群体内企业间知识共享，负向影响群体内与群体外企业间知识共享。从假设检验结果可知，H2a 至 H2d 均得到支持。

企业间的背景具有多样性，企业为了降低成本，选择与自身较为相似的企业进行合作，导致整体网络中局部关系的紧密，在技术创新网络中形成属性型分裂断层。群体内成员之间有更强的社会认同感，有更强的知识共享意愿和效率。但是，属性型分裂断层不利于群体内与群体外企业间知识共享。具体原因为：创新网络中不同子群间技术距离变大，分裂断层会对群体内外的知识流动产生阻碍效果，群体内具有一定的相似性以及惯性，使群体内的知识流动更加高效，如此一来，企业的网络联系就会变多，知识流等数量也会更多，企业有更多接触新知识的机会，其多样性会变强，充足机会自然而然也会变多，知识共享目的得以达成。企业距离中心越近，对企业技术知识进行控制的程度就越强，因此，企业距离会对其控制能力产生影响，能够提升企业的声誉以及地位。中心企业能接触到很多知识，可以对资源池进行较好的掌控，这有助于促使知识在子群间更好地流动。

企业间关系嵌入使经验贡献存在差异性，在技术创新网络中会出现断层。站在网络结构角度进行分析，关系嵌入性使群体凝聚力得以产生，但是，关系嵌入性只是表示伙伴选择的趋势，并不会引起子群现象。①在技术创新网络中，伙伴关系的强度相对来说较强，网络会凝聚成为一个整体，并且不会被分为较多子群或者派系。在关系强度分布不是很均匀的背景下，企业之间的经验共享也会产生一定差异，在这种差异性引起伙伴间信任以及关系变化时，网络才会分裂成不同子群。②在技术创新网络进行合作时，企业精力限制，不可能与所有网络成员都维持较好联系。在企业与特定伙伴维持较强关系时，与另外一些伙伴只能维持弱联系。在关系较强的伙伴中，凝聚力会变强；而在较弱的伙伴关系中，凝聚力也会减弱。强关系能够提高企业间的信任程度，提升凝聚力，也会使网络结构产生分裂，这种关系会对伙伴以及相应规范起到限制作用。③前期关系嵌入使网络子群内部交流成本变少，降低了知识共享频率，阻碍了拥有结构权力的企业与其他差异化知识企业进行交流与协作。但是，较为广泛的组织关系不利于企业的掌控，也使企业维护需要更高的成本。

6.3　组织学习对知识共享的直接影响

在 H3a 至 H3d 中，分别提出群体内学习对群体内知识共享具有正向影响，对群体外知识共享具有负向影响，以及群体外学习对群体外知识共享具有正向影响，对群体内知识共享具有负向影响。从假设检验结果可知，H3a 至 H3d 均得到了支持。

组织学习是知识共享的重要驱动因素。在知识管理过程中，组织学习发挥了重要作用。一方面，知识是由可管理的组织在学习过程创造的；另一方面，学习动机又直接影响企业知识转移的意愿。由于知识共享需要相互依赖，且经过无数次的迭代，当企业反复参与这些活动时，往往会学习如何提高获取知识的能力，以更好地进行知识共享。组织间学习具有不同的方式，具体包括利用式学习以及探索式学习。借助利用式学习，企业能够对知识进行吸收与运用。通过探索式学习，企业可获取不同于已有的新知识，这些知识具有异质性，能够激发企业创新灵感，促使企业获得新的想法和创意，进而提升其创新能力。利用式学习更有助于探索显性知识提升，而探索式学习有助于探索隐性知识。不同的学习方式都能够促使企业掌握相应知识，并将知识与技术运用到创新活动之中。Ter Wal 等（2016）运用不同的网络配置对相似性理论做出整合，在他们看来，封闭多样性网络能够促使第三方更好地对知识进行理解。如果企业拥有的资源较为丰富，且自身地位比较高，那么其很有可能会成为中心企业，通过提供治理方式来实现自身目的。位置嵌入性使外围网络结构得以构建，企业会根据自身绩效目标来对伙伴进行选择，一般倾向于选择目标相符的企业作为自己的合作伙伴。如果绩效愿景与之前的预期不符，那么企业会改变自身的战略，选择地位与自身较为相似的伙伴进行合作。从组织间学习的范围来看，群体内学习会促进群体内知识共享。这是因为群体内部成员之间的关系紧密，企业间的互动学习频率就会变高，信息交流密度就会增大，会更有利于企业间的知识共享；对于群体外知识共享而言，群体内学习会抑制群体外知识共享，由于群体内的约束，会限制知识泄露给群体外企业。群体内企业与群体外企业往往是竞争关系，商业秘密、核心技术和战略等重要知识的泄露会对群体内所有的企业创新带来损害，且这种损害往往会大于与群体外企业进行知识共享所获取新颖性知识的好处。通过利用式学习共享的显性知识，通常可以用专利或其他形式进行保护，而通过探索式学习共享的隐性知识不可能或很难得到保护，隐性知识通常被认为比显性知识更容易泄露。因此，相对于群体内利用式学习而言，群体内探索式学习对群体内与群体外企业间知识共享的负向作用更强。

群体外学习会促进群体内与群体外企业间知识共享。由于群体内密集的结构减少了信息多样性，所以导致同一群体内的知识库同质化，盲目追求相似知识的企业可能会降低创新的可能性。通过群体外学习建立群体内与群体外企业间的知识共享可以补充新颖性知识，这是因为学习是互动的过程，而不是单一的。因此，群体外学习有利于群体内与群体外企业间知识共享；但是，企业通过与群体外企业学习产生的知识，很难与群体内成员共享。由于技术创新网络中的企业往往保持着微妙的合作竞争关系，所以其除了与合作伙伴进行互动学习以外，还需要保持自身的竞争优势。企业不希望与合作伙伴分享它所知道的一切，因为这可能会阻碍其从创新中获得利益。由于通过与群体外企业相互学习获取的知识特别关键，如果与群体内伙伴进行共享，那么就有可能面临失去核心知识资产和从创新中获得租金的风险，所以，为了防止机会主义风险，企业也会保护自身从外界获取的知识。与此同时，即使企业有与群体内企业分享知识的意愿，也可能因吸收能力不足，难以将外部知识在群体内进行内化与共享。由于企业与群体外伙伴进行合作是为了获取新颖性知识，所以相对于群体外利用式学习而言，群体外探索式学习对群体内企业间知识共享的负向作用更强。

6.4 组织学习在分裂断层对知识共享关系的中介作用

在 H4a 与 H4b 中，本书分别提出群体内学习在两类分裂断层与群体内知识共享关系中的中介作用，以及群体外学习在两类分裂断层与群体外知识共享关系中的中介作用假设。从假设检验结果可知，H4a 与 H4b 均得到了支持。

首先，属性型分裂断层与关系型分裂断层都会对群体内学习产生积极作用，对群体外学习产生消极作用。这使群体内成员之间具有相似的组织背景、认知、技术等特征，这种相似性能够增进网络成员间的信任、缓解关系紧张，有利于群体内成员间的相互学习。但是，属性型分裂断层会带来群体外或群体间的差异性，这种差异性会阻碍不同群体网络成员间的交流与沟通，不利于知识的转移与吸收；并且子群间的竞争关系也会阻碍群体内成员与群体外成员间的相互学习。因此，属性型分裂断层对群体外学习具有一定的阻碍作用。对于关系型分裂断层而言，通过关系聚合引起的关系型分裂断层能够加强群体内凝聚力，能够促进网络成员间的互信与互惠，加强彼此的互动频率和相互认同感，避免企业间合作的机会主义行为。因此，关系型分裂断层对群体内学习具有一定的促进作用。但是，由于关系型分裂断层会引起群体内与群体外的子群问题，将阻碍不同群体成员间的相互学习。一方面，由于群体内与群体外的潜在竞争关系，所以为防止知识泄露，会限制群体内成员与群体外成员间的沟通与交流。另一方面，群体内的关系惯性和认知锁定会限制群体外重要信息的流入。因此，关系型分裂断层对群体内与群体外企业间的学习具有一定的阻碍作用。

其次，群体内学习会促进群体内知识共享，群体外学习会促进群体外知识共享。由于组织间学习能够为企业提供接触技术和市场知识的机会，所以通过其能够实现现有知识与外部知识的重新组合。同时，为了通过组织间学习获取更多知识，企业也必须向外共享知识，这是因为组织间学习是相互依赖的过程，只有反复地迭代和重复，企业才能具备获取知识的能力。由于群体内企业间的关系更为亲密，在相互学习过程中增强了彼此的信任，群体内成员间的相似性也有利于知识的转移、吸收和扩散，所以群体内学习会更有利于群体内企业间的知识共享。此外，群体间的知识具有异质性，群体内与群体外企业间相互学习产生的知识很难在群体内企业间进行扩散，一方面需要较高的转移成本；另一方面企业为了保持竞争优势，也不愿意分享所有知识，尤其是通过群体外学习获取的知识。因此，群体外学习会更有利于群体内与群体外企业间的知识共享。

最后，分裂断层通过群体内学习与群体外学习影响知识共享。分裂断层会产生子群问题，群体内部成员之间具有较高的凝聚性与相似性，彼此更为熟悉；而群体之间具有较高的异质性，彼此关系稀疏。并且，由于不同群体间的身份认同存在差异，群体内企业与群体外企业之间容易产生分歧，甚至是冲突。因此，分裂断层对创新网络中的知识共享而言，既有积极作用，又有消极作用。子群问题是分裂断层发挥作用的表现，而通过子群问题影响企业间学习过程是分裂断层影响知识共享的关键。企业所获取的所有知识和信息，需要通过过去的经验或者反复的迭代与重复，也就是通过组织学习进行过滤、解释和转化，才能进行消化、吸收与共享。分裂断层对群体内企业间知识共享的正向影响，主要通过群体内企业间学习发挥作用；而分裂断层对群体内与群体外企业间知识共享的负向影响，主要通过群体内与群体外企业间学习发挥作用。

6.5 网络权力在分裂断层对知识共享关系的调节作用

在 H5a 至 H5d 中，本书分别提出结构权力在分裂断层与知识共享间关系中的调节作用，以及知识权力在分裂断层与知识共享关系中的调节作用假设。从假设检验结果可知，H5a、H5b 与 H5c 均得到了支持，H5d 未得到验证。

结构权力会加强分裂断层对群体内知识共享的积极作用，降低分裂断层对群体外知识共享的消极作用。从中心位置来看，首先，结构权力较强的企业拥有更多的合作伙伴，能够接触更多知识。其次，结构权力较强的企业拥有更高的声誉和影响力，能够吸引更多企业分享知识。最后，结构权力较强的企业能够作为第三方，促进伙伴间合作与知识流动。从结构洞来看，首先，结构权力较强的企业能够获取多样性和新颖性信息。其次，结构权力较强的企业能够传递不同伙伴间的知识。最后，结构权力较强的企业能够加快本地知识搜寻过程。从属性型分裂断层来看，群体内企业间具有知识相似特征，群体内与群体外企业间具有知识异质特征。而结构权力较强的企业由于具有位置优势，一方面能够通过其广泛的企业间联系带来新颖性和异质性知识；另一方面能够通过其影响力和控制力促进群体内企业间互动。通过频繁的互动增强对异质性知识的消化吸收，结构权力较强的企业能够促进群体内企业间知识共享，其自身的知识共享机会也更多。从关系型分裂断层来看，群体内企业间具有较强的凝聚性，企业间关系紧密，而群体内与群体外企业间关系相对稀疏。结构权力较强的企业一方面能够通过较强的治理能力促进群体内合作规范的产生，防止机会主义风险；另一方面能够通过跨越结构洞获取异质性知识和信息，为群体内合作带来新颖性知识重组机会，促进企业间的知识共享。因此，当结构权力较强时，分裂断层引起的群体内成员间的关系更亲密，更容易达成共识，合作协调性更好，吸收能力更强；并且通过跨越结构洞带来的新颖性知识也能克服群体内知识同质化的风险，增强群体内企业间的知识共享。

结构权力能够减弱分裂断层对群体外知识共享的负向作用。首先，结构权力能够降低群体内与群体外企业间的冲突。拥有较强结构权力的企业具有监督与协调作用。位置优势会给企业带来大量的伙伴联系，这些联系在带来多样化知识与信息的同时，会赋予处于中心位置的企业较高的地位。其次，结构权力能够增强企业的知识吸收能力。一方面，结构权力较大的企业能够在合作过程中产生信任与互惠等非正式治理机制，有助于企业间达成共识，加强企业间对彼此知识尤其是隐性知识的理解。另一方面，在结构权力的作用下，群体内与群体外企业间共同解决问题的积极性会大大加强，在不断地重复与尝试多种解决方式后，伙伴间的知识转移更加顺畅。并且，拥有结构权力的企业还能充当不同群体间知识传播的桥梁。占据中心位置的企业能够拥有很多网络联系，对知识流进行运用，拥有更多的重组机会，在结构同质性的作用下，多个中心企业相互吸引，构建起连接关系（Rink，Jehn，2010）；Rosenkopf 和 Padula（2008）认为，在群体内已得到充分交流的非冗余性知识能够在子群间实现更广泛的知识共享。最后，结构权力还能降低群体外企业间合作的风险和不确定性。总之，拥有结构权力的企业在识别新颖性知识的作用下，能够减轻分裂断层带来的成员间不信任和内部冲突问题，促进群体内与群体外企业间的知识共享。

拥有结构权力的不同群体之间存在潜在的竞争，不利于群体外企业的学习，对其产生消极的作用。企业之间的合作具备相应的关系惯性，受其指导与约束，企业能够用在新伙伴搜寻的资源并不是非常丰富，网络成员之间运用聚合等熟悉度对网络成员以及子群成员合作机会的构建进行合理约束。如果网络成员想要构建新的合作关系，那么就会面临其他成员给予的压力，其会选择对目前的合作关系进行复制。如果企业在某个子群中确立了联系，那么想要在这个子群之外建立联系就不是非常容易。不同子群之间会存在矛盾（Nohria，Garcia-Pont，1991）。这表明子群内的成员在最开始时被同伴选择并进行锁定，这对企业与其他伙伴进行合作的机会有阻碍作用。因此，最开始用在伙伴间构建关系的资源能够对其关系起到约束作用。对子群内成员忠诚度进行分析可以看出，子群会阻碍成员与竞争企业的合作（Gulati et al.，2000）。

关系惯性既具有约束作用，又具有隔离效果。如果企业与理想的伙伴构建起相应的关系，并且融入子群中，那么其在子群寻找合作伙伴时会受到竞争子群的阻碍。因此，一些潜在的合作伙伴就无法参与到合作之中。这不利于企业的发展，属于战略僵局，会对企业产生不好的影响，迫使其在子群内部寻找合作伙伴（Duysters，Lemmens，2003）。除此之外，关系惯性使子群成员中存在认知锁定（Gargiulo，Benassi，2000）。这种锁定会对子群内成员消息进行过滤，并对其伙伴进行隔离。受到相似成员影响而形成的过度嵌入状态（Uzzi，1997）使伙伴学习与创新的机会都有所下降，并且企业选择子群外伙伴也受到了阻碍，子群内进入壁垒也在子群强化的进程中变强，从这个角度出发，子群之间的企业合作起来较为困难，如H5d并没有获得验证，那么知识权力则无法调节群体外知识共享间的关系。在前面的假设检验中已经证明，结构权力较高的企业，由于具备位置优势，所以能够降低分裂断层对群体外知识共享的负面作用。从理论上看，如果占据位置优势的企业也拥有知识权力优势，那么分裂断层带来的消极影响就会变少，这是因为拥有结构权力优势和知识权力优势的企业能够更容易控制和影响网络中其他成员的活动，帮助企业间遵循网络惯例形成的行为规范和模式，有助于在合作创新过程中达成共识（孙永磊和党兴华，2013）；党兴华和张巍（2012）认为，促进子群内与子群外成员间的信任，可以降低子群内与子群外成员间的冲突。并且，拥有知识权力的企业能够更好地吸收新知识，能够充分利用网络中心位置优势参与更高水平的知识共享。由知识权力带来的影响力和控制力，将加强结构权力对分裂断层与知识共享间关系的调节作用。该假设没有通过检验验证，本书认为，一方面是因为知识权力较强的企业具备较多的新颖性知识，相对而言，这类企业更愿意与群内关系紧密、彼此熟悉的企业共享知识，而不愿冒知识泄露的风险与群外企业共享知识；另一方面，知识权力较强的企业通常是创新网络中的核心企业，处于"核心—边缘"结构的中心地位，由于不同群体间的竞争关系，这类企业不愿意与群外企业进行知识共享。竞争性群体中的边缘企业虽然愿意与这类企业进行知识共享，但受该群体中的竞争性约束，也不能与这类企业有频繁的知识共享行为。

⑦ 结论与展望

7.1 主要研究结论

在进行技术创新时，企业间合作创新引起的技术创新网络属于非常重要的形式。在技术创新网络中，网络成员联盟与结派行为不断增多。从理论角度进行分析，创新网络受节点组织的影响而形成具有凝聚力的团体，这是社会网络理论新的研究方向，由此产生的多伙伴联盟等理论研究也逐渐发展。

现有研究表明，企业在选择合作伙伴过程中获得了信任、互惠和成本降低等好处，由此形成的技术创新网络也为企业间的知识共享提供了机会。与此同时，技术创新网络也可能受到分裂和派系的负面影响，成员间的不信任和冲突会阻碍整体网络的知识共享。本书将分裂断层概念引入企业间合作伙伴的知识共享影响因素分析中，找出消极影响。结合理论研究以及实践发展的需要进行探索。本书对电子信息产业以及高端制造产业中的合作企业做出相关探索，基于网络子群视角，研究两种不同类型分裂断层对技术创新网络知识共享影响的机理。本书根据知识背景相似性、关系嵌入，阐述了属性型和关系型两种分裂断层，指出分裂断层会改变技术创新网络的结构，在网络中产生局部凝聚的群体结构，即产生了子群现象。以已有断层理论结合凝聚子群为基础，从子群内的企业之间联系紧密以及子群之间企业无联系或相互排斥出发，进一步明晰了分裂断层对网络中知识共享的影响。以组织学习方式和范围不同为基础，分析了不同类型分裂断层对知识共享的作用路径。从结构和知识两个方面考察了网络权力在分裂断层影响知识共享过程中发挥的调节作用。在我国企业专利数据库中做筛查，进行样本选择，借助实地调查手段等进行分析，运用问卷调查方式，对数据进行收集，测量题项都来自国内外研究的成熟量表。运用多元回归分析手段，对研究假设做出科学检验。研究发现：

（1）由伙伴选择过程引起的分裂断层对企业间知识共享的影响具有两面性，即有利于群体内企业间的知识共享、不利于群体内与群体外企业间的知识共享。分裂断层导致的子群或派系影响进一步促进了群体内成员间的信任、互惠与规范建立，这有利于群体内企业间的沟通与交流，提高知识共享程度。但是，伙伴间凝聚力的提升以及规范维持使合作伙伴的包容性有所更新，造成了不同群体网络成员间的不信任和冲突，阻碍了知识共享。在属性分裂断层比较强的情况下，子群间联系较为困难，企业获取异质性知识不是非常容易，这对异质性资源的流动十分不利，抑制了群体外知识共享水平的提高。当关系型分裂断层强度较高时，网络子群内部企业间关系越紧密，造成网络子群间的企业越难以建立较为紧密的联系，促使网络成员感应到分裂趋势。以上结果表明分裂断层对群体内知识共享起到正向作用，对群体外知识共享起到消极作用：在分裂断层水平比较高的情况下，群体内知识共享程度也高，群体内外交流不够顺畅，这使知识共享水平变低。

（2）分裂断层对群体内学习具有正向影响，对群体外学习具有负向影响。本书的研究发现，技术创新网络中的子群结构对合作组织学习的影响具有两面性：一方面，子群的形成能够促进集体社会资本的产生。为了维护子群内的集体利益，成员之间很容易相互信任并形成规范共识，导致子群内很强的社会凝聚性。这种凝聚性有利于正式和非正式治理机制的作用发挥，促进企业间的探索式学习与利用式学习。同时，子群成员间交互频繁，知识流充足，有利于企业对知识的吸收，降低交易成本。另一方面，网络子群之间在结构上的隔离会阻碍群体内与群体外企业间学习。子群形成意味着群体内与群体外的子群问题被触发，群体内的相似性与群体间的差异性，以及子群间较大的网络距离，知识以及信息等资源在子群中流动较为困难，使知识以及信息更易于在子群内流动，这会弱化子群间的知识转移、交易和吸收强度，不利于群体外学习。同时，子群间的竞争也会约束网络成员与非子群内成员建立关系的合作机会，出于防止知识泄露的考虑，各子群内的成员对知识保护的意识会增强。由于缺乏信任甚至相互冲突，子群的形成会阻碍子群内企业与子群外企业间的相互学习。因此，根据研究结论，子群的形成提高了局部网络的创新效率和创新能力，但为了避免产生群体内与群体外的子群问题，在子群间建立信息和沟通渠道对整体网络中的相互交流与学习而言就显得非常重要。

（3）组织学习在分裂断层与知识共享的关系中起中介作用。分裂断层对不同类型的组织学习的影响具有差异性，同时不同类型的组织学习对知识共享的影响也具有差异性，在此基础上，本书发现组织学习在分裂断层与知识共享间起中介作用。不同类型的分裂断层通过形成子群影响组织学习。属性型分裂断层强调网络成员之间在多个属性上的相似性聚合，属性相似度高的成员被归为一类，而属性差异性较高的成员被区别于此类别之外，通过属性聚合产生子群结构。与属性型分裂断层通过网络成员的相似性进行属性聚类不同，关系型分裂断层根据网络中关系强度的不均匀分布对企业间经验共享的差异性产生影响。通过直接的社会交互，网络成员能清晰地感知到彼此的相似性和差异性，从而产生群体内与群体外的子群问题，并且这种强关系具有较强的路径依赖性和关系惯性，会使企业间的局部凝聚性在较长时间保持稳定性。分裂断层通过形成子群进而影响组织学习方式，并最终影响网络运行结果。

（4）网络权力能够增强分裂断层对知识共享的积极作用，降低分裂断层对知识共享的消极作用。本书从位置优势和知识优势两个方面出发考虑企业的网络权力，发现占据位置优势的企业能够获取更多的多样性和新颖性信息，能更方便地传递不同伙伴间的知识，从而促进本地知识的搜寻过程。通过位置优势，网络权力能够解决群体内异质性伙伴间的"行动问题"以及群体内关系紧密的企业间的"创意问题",促进群体内企业间知识共享水平的提高。同时,位置优势还能减少群体内与群体外企业间的冲突,增强群体内与群体外企业间的知识吸收能力,充当不同群体间知识传播的桥梁,降低群体外企业间合作的风险和不确定性,进而减轻分裂断层带来的成员间的不信任和内部冲突问题,促进群体内与群体外企业间的知识共享。知识权力能够为企业带来更强的影响力与控制力,使企业有更强的处理企业间关系的能力。若占据位置优势的企业同时具有知识权力优势,那么其将充分利用网络中心位置优势参与更高水平的知识共享,分裂断层对群体内企业间知识共享的积极作用将得到进一步增强。

7.2 本书创新点

对已有研究成果与本书的研究内容做出比较之后,本书的创新之处主要体现在以下四个方面:

(1)将技术创新网络分裂断层的内涵和概念在技术创新网络情境下做出剖析和界定,扩展了分裂断层研究的领域。本书基于多样性理论、网络嵌入理论,从伙伴选择和"抱团"现象的视角切入,剖析了分裂断层在知识多元、关系嵌入方面的形成机理,并结合分裂断层对网络结构的影响,即子群现象(子群内致密而子群间稀疏的形态),把分裂断层定义为在节点组织创新进程中,成员共享经验存在不同之处,进而会引起网络内部分化趋势。为加深对分裂断层定义的理解,本书将分裂断层划分为属性型分裂断层和关系型分裂断层两类,从两个方面具体化了分裂断层的内涵,对已有研究中关于分裂断层的探索起到了一定的拓展作用。

(2)验证了两种类型的分裂断层对知识共享的影响,通过差异性影响的刻画,揭示了分裂断层的正负效应。通过研究发现,属性型分裂断层不利于群体内与群体外企业间的知识共享。关系型分裂断层对群体内成员间的知识共享表现出积极作用,而对群体外知识共享表现出负向作用。因此，在技术创新网络中，节点企业应更加关心在合作创新过程中知识背景、关系嵌入对伙伴选择与"抱团"行为的影响作用，科学有效地开展合作创新，拒绝过度的路径依赖，将技术创新网络的这种分裂趋势扼杀在摇篮里，维持正常的知识共享水平或形成整体水准较高的知识共享新常态。

（3）把组织学习纳入分裂断层的理论框架中，丰富了对于断层作用路径的相关研究。通过整合分裂断层与凝聚子群理论，从行为层面揭示了分裂断层在技术创新网络中发挥作用的路径。由于组织间层面分裂断层的研究刚刚起步，所以目前对分裂断层的效应仍不清晰。分裂断层是技术创新网络的一种固有属性特征，它能够通过形成子群问题来影响知识共享，但这种子群问题必须通过组织学习等才能发挥作用，因为群体内与群体外的子群问题也可能是一种主观认知，并不一定能够完全通过实际的合作关系来反映。要厘清分裂断层和知识共享之间的关系，必须将组织学习纳入同一框架进行分析。因此，本书通过构建分裂断层—组织学习—知识共享的理论框架，来检验分裂断层是否能够通过组织学习影响网络运行结果。本书研究发现，分裂断层产生群体内与群体外的子群问题，并不一定带来负面影响。一方面，分裂断层通过提高群体内的凝聚力，能够促进群体内的知识共享和合作效率；另一方面，通过加剧群体间的隔离，阻碍群体间的知识流动，并导致群体间的竞争和冲突等问题，负面影响子群外知识共享。

（4）将网络权力作为分裂断层作用发挥的情境因素，为分裂断层作用下技术创新网络治理提供了新思路。从本书的研究结论来看，分裂断层在技术创新网络中的作用既有积极的一面，也有消极的一面。如何促进分裂断层的积极作用，抑制分裂断层的消极作用，是实现技术创新网络治理的重要思路。通过本书的研究，企业可以利用其位置优势和知识优势等权力机制，思考从结构调整和能力提升等方面实现分裂断层作用下技术创新网络的治理。

7.3 研究不足与展望

本书尽管对分裂断层的内涵做出了分析，且对分裂断层类型进行划分，建立了分裂断层以及知识共享等变量间的关系模型并对其进行了检验，但是，还存在一定的不足之处，对网络层面分裂断层的探索可以更加深入：

首先，产生网络分裂断层因素较多，本书只研究了部分因素，并没有关注到企业目标以及能力因素，下一步研究需要对分裂断层影响因素进行全面关注。

其次，关于分裂断层的测度方法，本书对已有成果进行了梳理与分析，借助问卷调查手段，运用成熟量表对分裂断层进行了测量，具有一定的科学性，但是，对分裂断层的测量主要借助算法手段，只在网络层面进行，这种算法适用性不强，之后的研究可以探索更多的测量方式。

再次，本书主要从网络成员个体感知视角研究分裂断层的定义与作用，然而，一些研究指出，分裂断层是一个整体网络的固有属性，考虑分裂断层的作用需要结合网络层面进行分析。因此，将来的研究有必要考虑将个体感知的分裂断层聚合到更高的网络层面，采用跨层模型，并考虑不同网络情境下分裂断层对成员间知识共享的影响，或许会得出意想不到的研究结论。

最后，本书没有对子群差异性进行考量。本书认为分裂断层的影响原理对成员间伙伴选择活动产生的子群现象、子群差异性等成员间知识共享产生影响。之后的研究可以从不同层次进行分析，收集整体网络数据，对同一层面的分裂断层进行分析，对不同子群的差异化影响进行探索。

附　录

分裂断层与知识共享调查问卷

尊敬的女士/先生：

您好！感谢您为此次调查贡献宝贵时间，祝您与您的企业目标达成，更好地向前发展。

对调查数据做出探索，研究分裂断层、网络权力、组织学习与知识共享的关系，为企业的创新发展提供理论支撑。

这个问卷的数据只用于学术研究，不会用于其他目的，请您放心填写，答案选项不分对错，选出符合的选项就可以，如果某个问题不能够完全表达您的意思，则选出最为相近的选项，您的回答对我们非常重要。

非常感谢您的答案！

1　填写者基本信息

1. 公司所在城市：＿＿＿＿＿＿市/县/区
2. 您的职务：＿＿＿＿
  A. 技术人员　　　　　　　B. 中层管理人员
  C. 高层管理人员
3. 您的学历：＿＿＿＿
  A. 大专及以下　　　　　　B. 本科
  C. 硕士研究生　　　　　　D. 博士研究生

2　公司基本信息

4. 贵公司成立年数为：_____年

5. 贵公司的所有制结构是：_____

A. 国有企业　　　　　　　　B. 私营企业

C. 三资企业

6. 贵公司所属行业类型为：_____

A. 汽车产业　　　　　　　　B. 电子信息产业

C. 装备制造产业　　　　　　D. 其他

7. 贵公司目前的全职职工总数为：_____

A. 100 人及以下　　　　　　B. 101～300 人

C. 301～1000 人　　　　　　D. 1001～2000 人

E. 2001 人及以上

8. 贵公司的年销售额为：_____万元

3　调查问卷（A）

下面表格中有一些题项，请根据您对各题项的同意程度（以数字代表：1—非常不同意；2—不同意；3—不好说；4—同意；5—非常同意），在相应选项分数上打"√"。

题号	题项	打分选项
1	我们经常选择与背景相似的企业合作，并形成了比较固定的圈子	1　2　3　4　5
2	我们通常选择与技术相似的企业合作，并形成了比较固定的圈子	1　2　3　4　5
3	我们通常选择与距离较近的企业合作，并形成了比较固定的圈子	1　2　3　4　5
4	我们通常选择与能力接近的企业合作，并形成了比较固定的圈子	1　2　3　4　5
5	我们通常选择与目标相似的企业合作，并形成了比较固定的圈子	1　2　3　4　5
6	我们通常选择与有合作历史的企业合作，并形成了比较固定的圈子	1　2　3　4　5
7	我们通常选择与有合作经验的企业合作，并形成了比较固定的圈子	1　2　3　4　5
8	我们通常选择与相互熟悉的企业合作，并形成了比较固定的圈子	1　2　3　4　5
9	我们通常选择与相互信任的企业合作，并形成了比较固定的圈子	1　2　3　4　5

续表

题号	题项	打分选项
10	我们在交流过程中能够约束其他企业的行为	1 2 3 4 5
11	我们退出网络会给其他企业带来不利影响	1 2 3 4 5
12	我们的经验经常被其他企业模仿	1 2 3 4 5
13	我们的技术知识是难以被模仿和替代的	1 2 3 4 5
14	与我们有直接（非间接）联系的合作伙伴很多	1 2 3 4 5
15	别的企业往往通过我们与其他合作伙伴进行联系	1 2 3 4 5
16	我们较少通过别的企业与其他合作伙伴进行联系	1 2 3 4 5

9. 请您在下表中列举 5 个"圈子"内和 3 个"圈子"外的合作企业名称。

合作伙伴	企业编号	企业名称
"圈子"内合作伙伴	1	
	2	
	3	
	4	
	5	
"圈子"外合作伙伴	6	
	7	
	8	

10. 根据上表中企业名称对应的企业编号，如果企业之间存在合作关系，请您在后面的空格中打"√"。

企业配对	是请打"√"	企业配对	是请打"√"	企业配对	是请打"√"	企业配对	是请打"√"
1 与 2		2 与 3		3 与 5		4 与 8	
1 与 3		2 与 4		3 与 6		5 与 6	
1 与 4		2 与 5		3 与 7		5 与 7	
1 与 5		2 与 6		3 与 8		5 与 8	
1 与 6		2 与 7		4 与 5		6 与 7	
1 与 7		2 与 8		4 与 6		6 与 8	
1 与 8		3 与 4		4 与 7		7 与 8	

4 调查问卷（B）

据了解，贵公司目前正与_____等企业进行合作，下列问题均针对贵公司与这些企业间的合作情况，请根据实际情况予以作答。

题号	题项	打分选项				
	下面表格中有一些题项，请根据您对各题项的同意程度（以数字代表：1—非常不同意；2—不同意；3—不好说；4—同意；5—非常同意），在相应选项分数上打"√"。					
1	我们重视处于试验阶段，投入市场后风险高的新知识	1	2	3	4	5
2	我们倾向于市场需求尚不明晰的新知识	1	2	3	4	5
3	我们重视开拓现有市场和技术之外的领域	1	2	3	4	5
4	我们倾向于尝试新的商业模式和技术方式	1	2	3	4	5
5	我们借助搜索到的新知识倒逼探索新事物	1	2	3	4	5
6	我们乐于通过合作完善"解决方案"	1	2	3	4	5
7	我们认为外部信息的获取有助于公司 R&D 提高	1	2	3	4	5
8	我们通常的生产效率提升依赖于信息搜索	1	2	3	4	5
9	我们重视通过搜集当前市场或技术信息来增加公司的经验	1	2	3	4	5
10	我们重视现有产品或服务知识的利用	1	2	3	4	5
11	我们能够收到合作伙伴提供的知识	1	2	3	4	5
12	我们能够有效利用合作伙伴提供的知识	1	2	3	4	5
13	我们能够向合作伙伴提供知识	1	2	3	4	5
14	我们能够与合作伙伴分享成功经验	1	2	3	4	5
15	我们与合作伙伴共同组织工作培训来提高彼此的知识	1	2	3	4	5
16	我们与合作伙伴经常相互共享新的知识和观点	1	2	3	4	5

注：问卷 B 所填企业名称为问卷 A 中的"圈子"内企业。

5 调查问卷（C）

据了解，贵公司目前正与_____等企业进行合作，下列问题均针对贵公司与这些企业间的合作情况进行作答。

下面表格中有一些题项，请根据您对各题项的同意程度（以数字代表：1—非常不同意；2—不同意；3—不好说；4—同意；5—非常同意），在相应选项分数上打"√"。		
题号	题项	打分选项
1	我们重视处于试验阶段，投入市场后风险高的新知识	1 2 3 4 5
2	我们倾向于市场需求尚不明晰的新知识	1 2 3 4 5
3	我们重视开拓现有市场和技术之外的领域	1 2 3 4 5
4	我们倾向于尝试新的商业模式和技术方式	1 2 3 4 5
5	我们借助搜索到的新知识倒逼探索新事物	1 2 3 4 5
6	我们乐于通过合作完善"解决方案"	1 2 3 4 5
7	我们认为外部信息的获取有助于公司 R&D 提高	1 2 3 4 5
8	我们通常的生产效率提升依赖于信息搜索	1 2 3 4 5
9	我们重视通过搜集当前市场或技术信息来增加公司的经验	1 2 3 4 5
10	我们重视现有产品或服务知识的利用	1 2 3 4 5
11	我们能够收到合作伙伴提供的知识	1 2 3 4 5
12	我们能够有效利用合作伙伴提供的知识	1 2 3 4 5
13	我们能够向合作伙伴提供知识	1 2 3 4 5
14	我们能够与合作伙伴分享成功经验	1 2 3 4 5
15	我们与合作伙伴共同组织工作培训来提高彼此的知识	1 2 3 4 5
16	我们与合作伙伴经常相互共享新的知识和观点	1 2 3 4 5

注：问卷 C 所填企业名称为问卷 A 中的"圈子"外企业。

参考文献

［1］ HEIDL R A, STEENSMA H K, PHELPS C. Divisive Faultlines and the Unplanned Dissolutions of Multipartner Alliances ［J］. Organization Science, 2014, 25 (5): 1351-1371.

［2］ GRANOVETTER M. Economic Action and Social Structure: The Problem of Embeddedness ［J］. American Journal of Sociology, 1985, 91 (3): 481-510.

［3］ BURT R S. Structural Holes: The Social Structure of Competition ［M］. Cambridge: Harvard University Press, 1992.

［4］ KRACKHARDT D, STERN R N. Informal Networks and Organizational Crises: An Experimental Simulation ［J］. Social Psychology Quarterly, 1988, 51 (2): 123-140.

［5］ COLEMAN J S. Social Capital in the Creation of Human Capital ［J］. American Journal of Sociology, 1988 (94): 95-120.

［6］ 党兴华, 孙永磊. 技术创新网络位置对网络惯例的影响研究——以组织间信任为中介变量 ［J］. 科研管理, 2013, 34 (4): 1-8.

［7］ 张华, 张向前. 个体是如何占据结构洞位置的: 嵌入在网络结构和内容中的约束与激励 ［J］. 管理评论, 2014 (5): 89-98.

［8］ 钱锡红, 杨永福, 徐万里. 企业网络位置、吸收能力与创新绩效——一个交互效应模型 ［J］. 管理世界, 2010 (5): 118-129.

［9］ LAU D C, MURNIGHAN J K. Demographic Diversity and Faultlines: The Compositional Dynamics of Organizational Groups ［J］. Academy of Management Review, 1998, 23 (2): 325-340.

[10] LAWRENCE B S, ZYPHUR M J. Identifying Organizational Faultlines With Latent Class Cluster Analysis [J]. Organizational Research Methods, 2011, 14 (1): 32-57.

[11] ZHANG L, GUPTA A K, HALLEN B L. The Conditional Importance of Prior Ties: A Group-level Analysis of Venture Capital Syndication [J]. Academy of Management Journal, 2017, 60 (4): 1360-1386.

[12] PERRY-SMITH J E, SHALLEY C E. A Social Composition View of Team Creativity: The Role of Member Nationality-Heterogeneous Ties Outside of the Team [J]. Organization Science, 2014, 25 (5): 1434-1452.

[13] LAU D C, MURNIGHAN J K. Interactions within Groups and Sub-groups: The Effects of Demographic Faultlines [J]. Academy of Management Journal, 2005, 48 (4): 645-659.

[14] THATCHER S, PATEL P C. Demographic Faultlines: A Meta-Analysis of the Literature [J]. Journal of Applied Psychology, 2011, 96 (6): 1119-1139.

[15] REN H, GRAY B, HARRISON D A. Triggering Faultline Effects in Teams: The Importance of Bridging Friendship Ties and Breaching Animosity Ties [J]. Organization Science, 2015, 26 (2): 390-404.

[16] NDOFOR H A, SIRMON D G, HE X. Utilizing the Firm's Resources: How TMT Heterogeneity and Resulting Faultlines Affect TMT Tasks [J]. Strategic Management Journal, 2015, 36 (11): 1656-1674.

[17] GIBSON C, VERMEULEN F. A Healthy Divide: Subgroups as a Stimulus for Team Learning Behavior [J]. Administrative Science Quarterly, 2003, 48 (2): 202-239.

[18] THATCHER S, PATEL P C. Group Faultlines: A Review, Integration, and Guide to Future Research [J]. Journal of Management, 2012, 38 (4): 969-1009.

［19］JEHN K A，BEZRUKOVA K. The Faultline Activation Process and the Effects of Activated Faultlines on Coalition Formation，Conflict，and Group Outcomes ［J］. Organizational Behavior and Human Decision Processes，2010，112（1）：24-42.

［20］ZANUTTO E L，BEZRUKOVA K，JEHN K A. Revisiting Faultline Conceptualization：Measuring Faultline Strength and Distance ［J］. Quality & Quantity，2011，45（3）：701-714.

［21］RINK F A，JEHN K A. How Identity Processes Affect Faultline Perceptions and the Functioning of Diverse Teams ［M］. Oxford：Wiley-Blackwell，2010.

［22］ROSENKOPF L，PADULA G. Investigating the Microstructure of Network Evolution：Alliance Formation in the Mobile Communications Industry ［J］. Organization Science，2008，19（5）：669-687.

［23］GULATI R，SYTCH M，TATARYNOWICZ A. The Rise and Fall of Small Worlds：Exploring the Dynamics of Social Structure ［J］. Organization Science，2012，23（2）：449-471.

［24］成泷，党兴华，肖瑶. 网络多样性视角下分裂断层对子群极化的影响研究 ［J］. 管理评论，2017，29（9）：95-109.

［25］党兴华，成泷，魏龙. 技术创新网络分裂断层对子群极化的影响研究——基于网络嵌入性视角 ［J］. 科学学研究，2016，34（5）：781-792.

［26］RICO R，MOLLEMAN E，SANCHEZ-MANZANARES M，et al. The Effects of Diversity Faultlines and Team Task Autonomy on Decision Quality and Social Integration ［J］. Journal of Management，2007，33（1）：111-132.

［27］SHAW J B. The Development and Analysis of a Measure of Group Faultlines ［J］. Organizational Research Methods，2004，7（1）：66-100.

［28］CHOI J N，SY T. Group-Level Organizational Citizenship Behavior：Effects of Demographic Faultlines and Conflict in Small Work Groups ［J］. Journal of Organizational Behavior，2010，31（7）：1032-1054.

［29］HUTZSCHENREUTER T，HORSTKOTTE J. Performance Effects of

Top Management Team Demographic Faultlines in the Process of Product Diversification [J]. Strategic Management Journal, 2013, 34 (6): 704-726.

[30] BEZRUKOVA K, JEHN K A, ZANUTTO E L, et al. Do Workgroup Faultlines Help or Hurt? A Moderated Model of Faultlines, Team Identification, and Group Performance [J]. Organization Science, 2009, 20 (1): 35-50.

[31] AHMAD R. Perceived Faultline Impact in Temporary Distributed Teams: Examining the Role of Norms of Technology Use [M]. Baltimore County: University of Maryland, 2014.

[32] VAN DER KAMP M, TJEMKES B V, JEHN K A. The Rise and Fall of Subgroups and Conflict in Teams: Faultline Activation and Deactivation [C]. Proceedings of the Intl Association for Conflict Management, IACM 25th Annual Conference, 2012.

[33] VAN DER KAMP M, TJEMKES B V, JEHN K A. Faultline Activation and Deactivation and Their Effect on Conflict [C]. Proceedings of the IACM 24th Annual Conference Paper, 2011.

[34] HARRISON D A, KLEIN K J. What's the Difference? Diversity Constructs as Separation, Variety, or Disparity in Organizations [J]. Academy of Management Review, 2007, 32 (4): 1199-1228.

[35] CARTON A M, CUMMINGS J N. A Theory of Subgroups in Work Teams [J]. Academy of Management Review, 2012, 37 (3): 441-470.

[36] MARKS M A, MATHIEU J E, ZACCARO S J. A Temporally Based Framework and Taxonomy of Team Processes [J]. Academy of Management Review, 2001, 26 (3): 356-376.

[37] CRONIN M A, BEZRUKOVA K, WEINGART L R. Subgroups within a Team: The Role of Cognitive and Affective Integration [J]. Journal of Organizational Behavior, 2011, 32 (6): 831-849.

[38] POLZER J T, CRISP C B, JARVENPAA S L. Extending the Faultline Model to Geographically Dispersed Teams: How Colocated Subgroups can

Impair Group Functioning [J]. Academy of Management Journal, 2006, 49 (4): 679-692.

[39] MOLLEMAN E. Diversity in Demographic Characteristics, Abilities and Personality Traits: Do Faultlines Affect Team Functioning? [J]. Group Decision and Negotiation, 2005, 14 (3): 173-193.

[40] LI J, HAMBRICK D C. Factional Groups: A New Vantage on Demographic Faultlines, Conflict, and Disintegration in Work Teams [J]. Academy of Management Journal, 2005, 48 (5): 794-813.

[41] LIM J Y K, BUSENITZ L W, CHIDAMBARAM L. New Venture Teams and the Quality of Business Opportunities Identified: Faultlines Between Subgroups of Founders and Investors [J]. Entrepreneurship Theory and Practice, 2013, 37 (1): 47-67.

[42] REAGANS R, ZUCKERMAN E W. Networks, Diversity, and Productivity: The Social Capital of Corporate R&D Teams [J]. Organization Science, 2001, 12 (4): 502-517.

[43] THATCHER S M, JEHN K A, ZANUTTO E. Cracks in Diversity Research: The Effects of Diversity Faultlines on Conflict and Performance [J]. Group Decision and Negotiation, 2003, 12 (3): 217-241.

[44] HOMAN A C, HOLLENBECK J R, HUMPHREY S E. Facing Differences with an Open Mind: Openness to Experience, Salience of Intragroup Differences, and Performance of Diverse Work Groups [J]. Academy of Management Journal, 2008, 51 (6): 1204-1222.

[45] HOMAN A C, DAAN V K, KLEEF G A. Bridging Faultlines by Valuing Diversity: Diversity Beliefs, Information Elaboration, and Performance in Diverse Work Groups [J]. Journal of Applied Psychology, 2007, 92 (5): 1189-1199.

[46] HART C M, VAN VUGT M. From Fault Line to Group Fission: Understanding Membership Changes in Small Groups [J]. Personality and Social

Psychology Bulletin, 2006, 32 (3): 392-404.

［47］MEYER B, SCHERMULY C C, KAUFFELD S. That's not My Place: The Interacting Effects of Faultlines, Subgroup Size, and Social Competence on Social Loafing Behaviour in Work Groups ［J］. European Journal of Work & Organizational Psychology, 2016, 25 (1): 31-49.

［48］BEZRUKOVA K, SPELL C S, CALDWELL D. A Multilevel Perspective on Faultlines: Differentiating the Effects Between Group and Organizational Level Faultlines ［J］. Journal of Applied Psychology, 2016, 101 (1): 86-107.

［49］MEYER B, SHEMLA M, LI J. On the Same Side of the Faultline: Inclusion in The Leader's Subgroup and Employee Performance ［J］. Journal of Management Studies, 2015, 52 (3): 354-380.

［50］VAN KNIPPENBERG D, DAWSON J F, WEST M A. Diversity Faultlines, Shared Objectives, and Top Management Team Performance ［J］. Human Relations, 2011, 64 (3): 307-336.

［51］ELLIS A P, MAI K M, CHRISTIAN J S. Examining the Asymmetrical Effects of Goal Faultlines in Groups: A Categorization-Elaboration Approach ［J］. Journal of Applied Psychology, 2013, 98 (6): 948-961.

［52］RUPERT J, BLOMME R J, DRAGT M J. Being Different, But Close: How and When Faultlines Enhance Team Learning ［J］. European Management Review, 2016, 13 (4): 275-290.

［53］CRUCKE S, KNOCKAERT M. When Stakeholder Representation Leads to Faultlines. A Study of Board Service Performance in Social Enterprises ［J］. Journal of Management Studies, 2016, 53 (5): 768-793.

［54］SPOELMA T M, ELLIS A P J. Fuse or Fracture? Threat as a Moderator of the Effects of Diversity Faultlines in Teams ［J］. Journal of Applied Psychology, 2017, 102 (9): 1344-1359.

［55］March J G, Simon H A. Organizations ［J］. Social Science Electronic

Publishing, 2009, 2 (1): 105-132.

[56] CANGELOSI V E, DILL W R. Organizational Learning: Observations Toward a Theory [J]. Administrative Science Quarterly, 1965, 10 (2): 175-203.

[57] ARGYRIS C, SCHÖN D A. Organizational Learning: A Theory of Action Perspective [J]. Reis, 1978 (77): 89-121.

[58] ARGOTE L. Organizational Learning: Creating, Retaining and Transferring Knowledge [M]. Springer Science & Business Media, 1999.

[59] HOLMQVIST M. Experiential Learning Processes of Exploitation and Exploration within and between Organizations: An Empirical Study of Product Development [J]. Organization Science, 2004, 15 (1): 70-81.

[60] MALHOTRA A, SCHMIDT T S, HUENTELER J. The Role of Inter-Sectoral Learning in Knowledge Development and Diffusion: Case Studies on Three Clean Energy Technologies [J]. Technological Forecasting and Social Change, 2019 (11): 464-487.

[61] PENROSE E . The Theory of the Growth of The Firm [M]. Oxford: Oxford University Press, 1995.

[62] JONES G, KHANNA T. Bringing History (back) into International Business [J]. Journal of International Business Studies, 2006, 37 (4): 453-468.

[63] SØRENSEN J B, STUART T E. Aging, Obsolescence, and Organizational Innovation [J]. Administrative Science Quarterly, 2000, 45 (1): 81-112.

[64] MARCH J G. Exploration and Exploitation in Organizational Learning [J]. Organization Science, 1991, 2 (1): 71-87.

[65] BENNER M J, TUSHMAN M. Process Management and Technological Innovation: A Longitudinal Study of the Photography and Paint Industries [J]. Administrative Science Quarterly, 2002, 47 (4): 676-707.

［66］ CROSSAN M M, LANE H W, WHITE R E. An Organizational Learning Framework: From Intuition to Institution ［J］. Academy of Management Review, 1999, 24 (3): 522-537.

［67］ HE Z L, WONG P K. Exploration vs. Exploitation: An Empirical Test of the Ambidexterity Hypothesis ［J］. Organization Science, 2004, 15 (4): 481-494.

［68］ JANSEN J J, VAN DEN BOSCH F A, VOLBERDA H W. Exploratory Innovation, Exploitative Innovation, and Performance: Effects of Organizational Antecedents and Environmental Moderators ［J］. Management Science, 2006, 52 (11): 1661-1674.

［69］ PHELPS C C. A Longitudinal Study of the Influence of Alliance Network Structure and Composition on Firm Exploratory Innovation ［J］. Academy of Management Journal, 2010, 53 (4): 890-913.

［70］ YAN Y, GUAN J. Social Capital, Exploitative and Exploratory Innovations: The Mediating Roles of Ego-Network Dynamics ［J］. Technological Forecasting and Social Change, 2018, 126 (1): 244-258.

［71］ LEVINTHAL D A, MARCH J G. The Myopia of Learning ［J］. Strategic Management Journal, 1993, 14 (S2): 95-112.

［72］ ARRANZ N, DE ARROYABE J C F. Network Embeddedness and Performance of Joint R&D Projects ［R］. Contributions to Management Science Book Series, 2013.

［73］ ROTHAERMEL F T, DEEDS D L. Exploration and Exploitation Alliances in Biotechnology: A System of New Product Development ［J］. Strategic Management Journal, 2004, 25 (3): 201-221.

［74］ GILSING V, NOOTEBOOM B, VANHAVERBEKE W. Network Embeddedness and the Exploration of novel Technologies: Technological Distance, Betweenness Centrality and Density ［J］. Research Policy, 2008, 37 (10): 1717-1731.

［75］ BJORVATN T, WALD A. Project Complexity and Team-Level Absorptive Capacity as Drivers of Project Management Performance ［J］. International Journal of Project Management, 2018, 36 (6): 876-888.

［76］ ARRANZ N, ARROYABE M, FDEZ. DE ARROYABE J. The Architecture of R&D Joint Projects: The Social Network Analysis Approach ［J］. Technology Analysis & Strategic Management, 2019, 31 (8): 902-914.

［77］ 陈国权, 刘薇. 企业组织内部学习、外部学习及其协同作用对组织绩效的影响——内部结构和外部环境的调节作用研究 ［J］. 中国管理科学, 2017, 25 (5): 175-186.

［78］ WONG S S. Distal and Local Group Learning: Performance Trade-Offs and Tensions ［J］. Organization Science, 2004, 15 (6): 645-656.

［79］ ROWLEY T, BEHRENS D, KRACKHARDT D. Redundant Governance Structures: An Analysis of Structural and Relational Embeddedness in the Steel and Semiconductor Industries ［J］. Strategic Management Journal, 2000, 21 (3): 369-386.

［80］ UZZI B, SPIRO J. Collaboration and Creativity: The Small World Problem ［J］. American Journal of Sociology, 2005, 111 (2): 447-504.

［81］ JACOB J, DUYSTERS G. Alliance Network Configurations and the Co-Evolution of Firms' Technology Profiles: An Analysis of the Biopharmaceutical Industry ［J］. Technological Forecasting and Social Change, 2017, 120 (7): 90-102.

［82］ DE NONI I, GANZAROLI A, ORSI L. The Impact of intra-and Inter-regional Knowledge Collaboration and Technological Variety on the Knowledge Productivity of European Regions ［J］. Technological Forecasting and Social Change, 2017, 117 (4): 108-118.

［83］ ZOLLO M, REUER J J, SINGH H. Interorganizational Routines and Performance in Strategic Alliances ［J］. Organization Science, 2002, 13 (6): 701-713.

［84］舒成利，胡一飞，江旭．战略联盟中的双元学习，知识获取与创新绩效［J］．研究与发展管理，2015，27（6）：97-106.

［85］SU Y S, VANHAVERBEKE W. How do Different Types of Interorganizational Ties Matter in Technological Exploration? ［J］. Management Decision, 2019, 57（8）：2148-2176.

［86］HAGEDOORN J. Inter－Firm R&D Partnerships：An Overview of Major Trends and Patterns Since 1960 ［J］. Research Policy, 2002, 31（4）：477-492.

［87］AHUJA G. Collaboration Networks, Structural Holes, and Innovation：A Longitudinal Study ［J］. Administrative Science Quarterly, 2000, 45（3）：425-455.

［88］HAGEDOORN J. Understanding the Rationale of Strategic Technology Partnering：Interorganizational Modes of Cooperation and Sectoral Differences ［J］. Strategic Management Journal, 1993, 14（5）：371-385.

［89］HERVAS－OLIVER J L, ALBORS－GARRIGOS J. Local Knowledge Domains and the Role of MNE Affiliates in Bridging and Complementing a Cluster's Knowledge ［J］. Entrepreneurship and Regional Development, 2008, 20（6）：581-598.

［90］DOWELL G, SWAMINATHAN A. Entry Timing, Exploration, and Firm Survival in the Early US Bicycle Industry ［J］. Strategic Management Journal, 2006, 27（12）：1159-1182.

［91］NAVEH E. Formality and Discretion in Successful R&D Projects ［J］. Journal of Operations Management, 2007, 25（1）：110-125.

［92］COHEN M D, BACDAYAN P. Organizational Routines are Stored as Procedural Memory：Evidence from a Laboratory Study ［J］. Organization Science, 1994, 5（4）：554-568.

［93］BRADY T, DAVIES A. Building Project Capabilities：From Exploratory to Exploitative Learning ［J］. Organization Studies, 2004, 25（9）：

1601-1621.

［94］王凤彬，陈建勋，杨阳. 探索式与利用式技术创新及其平衡的效应分析［J］. 管理世界，2012，3（96）：112.

［95］TUSHMAN M L，O'REILLY C A. Ambidextrous Organizations：Managing Evolutionary and Revolutionary Change［J］. California Management Review，1996，38（4）：8-29.

［96］GUPTA A K，SMITH K G，SHALLEY C E. The Interplay between Exploration and Exploitation［J］. Academy of Management Journal，2006，49（4）：693-706.

［97］LAVIE D，KANG J，ROSENKOPF L. Balance within and Across Domains：The Performance Implications of Exploration and Exploitation in Alliances［J］. Organization Science，2011，22（6）：1517-1538.

［98］RAISCH S，BIRKINSHAW J，PROBST G. Organizational Ambidexterity：Balancing Exploitation and Exploration for Sustained Performance［J］. Organization Science，2009，20（4）：685-695.

［99］RUSSO A，VURRO C. Cross-Boundary Ambidexterity：Balancing Exploration and Exploitation in the Fuel Cell Industry［J］. European Management Review，2010，7（1）：30-45.

［100］HUANG C，WANG Y. Evolution of Network Relations，Enterprise Learning，and Cluster Innovation Networks：The Case of the Yuyao Plastics Industry Cluster［J］. Technology Analysis & Strategic Management，2018，30（2）：158-171.

［101］NONAKA I，TAKEUCHI H. The Knowledge-Creating Company：How Japanese Companies Create the Dynamics of Innovation［M］. Oxford：Oxford University Press，1995.

［102］HENDRIKS P. Why Share Knowledge? The Influence of ICT on the Motivation for Knowledge Sharing［J］. Knowledge and Process Management，1999，6（2）：91-100.

[103] WANG S, NOE R A. Knowledge Sharing: A Review and Directions for Future Research [J]. Human Resource Management Review, 2010, 20 (2): 115-131.

[104] IPE M. Knowledge Sharing in Organizations: A Conceptual Framework [J]. Human Resource Development Review, 2003, 2 (4): 337-359.

[105] MICHAILOVA S, MINBAEVA D B. Organizational Values and Knowledge Sharing in Multinational Corporations: The Danisco Case [J]. International Business Review, 2012, 21 (1): 59-70.

[106] JIACHENG W, LU L, FRANCESCO C A. A Cognitive Model of Intra-Organizational Knowledge-Sharing Motivations in the View of Cross-Culture [J]. International Journal of Information Management, 2010, 30 (3): 220-230.

[107] LIN T, WU S, LU C. Exploring the Affect Factors of Knowledge Sharing Behavior: The Relations Model Theory Perspective [J]. Expert Systems With Applications, 2012, 39 (1): 751-764.

[108] WANG Z, WANG N. Knowledge Sharing, Innovation and Firm Performance [J]. Expert Systems With Applications, 2012, 39 (10): 8899-8908.

[109] RITALA P, OLANDER H, MICHAILOVA S. Knowledge Sharing, Knowledge Leaking and Relative Innovation Performance: An Empirical Study [J]. Technovation, 2015, 35 (35): 22-31.

[110] 杨静, 刘瑞霞, 胡丹. 跨组织知识共享对技术创新能力影响研究——基于吸收能力的视角 [J]. 科技管理研究, 2013, 33 (2): 1-5.

[111] LEE Y, CAVUSGIL S T. Enhancing Alliance Performance: The Effects of Contractual-Based Versus Relational-Based Governance [J]. Journal of Business Research, 2006, 59 (8): 896-905.

[112] PAULIN D, SUNESON K. Knowledge Transfer, Knowledge Sharing and Knowledge Barriers-Three Blurry Terms in KM [J]. Electronic Journal of Knowledge Management, 2012, 10 (1): 81-91.

［113］ZHANG X, DE PABLOS P O, XU Q. Culture Effects on the Knowledge Sharing in Multi-National Virtual Classes: A Mixed Method ［J］. Computers in Human Behavior, 2014, 31 (49): 1-8.

［114］YANG C, CHEN L. Can Organizational Knowledge Capabilities affect Knowledge Sharing Behavior ［J］. Journal of Information Science, 2007, 33 (1): 95-109.

［115］NESHEIM T, GRESSGARD L J. Knowledge Sharing in a Complex Organization: Antecedents and Safety Effects ［J］. Safety Science, 2014 (62): 28-36.

［116］RUGGLES R. The State of the Notion: Knowledge Management in Practice ［J］. California Management Review, 1998, 40 (3): 80-90.

［117］PIERCE L. Organizational Structure and the Limits of Knowledge Sharing: Incentive Conflict and Agency in Car Leasing ［J］. Management Science, 2012, 58 (6): 1106-1121.

［118］WILLEM A, BUELENS M. Knowledge Sharing in Inter-Unit Cooperative Episodes: The Impact of Organizational Structure Dimensions ［J］. International Journal of Information Management, 2009, 29 (2): 151-160.

［119］WU W, LEE Y. How to Make a Knowledge-Sharing Group: A Group Social Capital Perspective ［J］. Personnel Review, 2016, 45 (3): 523-538.

［120］INKPEN A C, TSANG E W K. Social Capital, Networks, and Knowledge Transfer ［J］. Academy of Management Review, 2005, 30 (1): 146-165.

［121］LEVIN D Z, CROSS R. The Strength of Weak Ties You Can Trust: The Mediating Role of Trust in Effective Knowledge Transfer ［J］. Management Science, 2004, 50 (11): 1477-1490.

［122］王智生, 胡珑瑛, 李慧颖. 合作创新网络中信任与知识分享的协同演化模型 ［J］. 哈尔滨工程大学学报, 2012, 33 (9): 1175-1179.

［123］TSAI W. Knowledge Transfer in Intraorganizational Networks Effects of Network Position and Absorptive Capacity on Business Unit Innovation and Performance ［J］. Academy of Management Journal, 2001, 44 (5): 996-1004.

［124］DACIN M T, OLIVER C, ROY J P. The Legitimacy of Strategic Alliances: An Institutional Perspective ［J］. Strategic Management Journal, 2007, 28 (2): 169-187.

［125］REAGANS R, MCEVILY B. Network Structure and Knowledge Transfer: The Effects of Cohesion and Range ［J］. Administrative Science Quarterly, 2003, 48 (2): 240-267.

［126］雷宏振，贾悦婷. Web 2.0 环境下网络特征对组织间员工知识共享有效性的影响 ［J］. 情报科学, 2014, 32 (6): 82-88.

［127］常红锦，杨有振. 创新网络惯例、网络位置与知识共享 ［J］. 研究与发展管理, 2016, 28 (3): 89-96.

［128］刘新梅. 激活的断裂、合作的结果相依性与团队学习行为 ［J］. 西安交通大学学报（社会科学版），2015 (1): 48-53.

［129］SHEN Y, GALLIVAN M J, TANG X. The Influence of Subgroup Dynamics on Knowledge Coordination in Distributed Teams: A Transactive Memory System and Group Faultline Perspective ［C］. Proceedings of the International Conference on Information Systems, 2008.

［130］HWANG E H, SINGH P V, ARGOTE L. Knowledge Sharing in Online Communities: Learning to Cross Geographic and Hierarchical Boundaries ［J］. Organization Science, 2015, 26 (6): 1593-1611.

［131］张佳音，罗家德. 组织内派系形成的网络动态分析 ［J］. 社会, 2007, 27 (4): 152-163.

［132］王海珍，刘新梅，张永胜. 派系形成对员工满意度的影响及机理：社会网络视角的研究 ［J］. 管理评论, 2011, 23 (12): 116-123.

［133］DUYSTERS G, LEMMENS C. Alliance Group Formation Enabling and Constraining Effects of Embeddedness and Social Capital in Strategic Technology Alliance Networks［J］. International Studies of Management and Organization, 2003, 33（2）: 49-68.

［134］COWAN R, JONARD N. Knowledge Portfolios and the Organization of Innovation Networks［J］. Academy of Management Review, 2009, 34（2）: 320-342.

［135］SYTCH M, TATARYNOWICZ A. Friends and Foes: The Dynamics of Dual Social Structures［J］. Academy of Management Journal, 2014, 57（2）: 585-613.

［136］MÄS M, FLACHE A, TAKÁCS K. In the Short Term we Divide, in the Long Term we Unite: Demographic Crisscrossing and the Effects of Faultlines on Subgroup Polarization［J］. Organization Science, 2013, 24（3）: 716-736.

［137］FENG T, SUN L, ZHANG Y. The Effects of Customer and Supplier Involvement on Competitive Advantage: An Empirical Study in China［J］. Industrial Marketing Management, 2010, 39（8）: 1384-1394.

［138］李玲. 技术创新网络中企业间依赖, 企业开放度对合作绩效的影响［J］. 南开管理评论, 2011, 14（4）: 16-24.

［139］冯泰文, 李一, 张颖. 合作创新研究现状探析与未来展望［J］. 外国经济与管理, 2013, 35（9）: 72-80.

［140］FENG T, WANG D. Supply Chain Involvement for Better Product Development Performance［J］. Industrial Management & Data Systems, 2013, 113（2）: 190-206.

［141］LAI W H, CHANG P L. Corporate Motivation and Performance in R&D Alliances［J］. Journal of Business Research, 2010, 63（5）: 490-496.

［142］HOEHN-WEISS M N, KARIM S, LEE C H. Examining Alliance Portfolios Beyond the Dyads: The Relevance of Redundancy and Nonuniformity Across and Between Partners［J］. Organization Science, 2017, 28（1）: 56-73.

［143］FRITSCH M, LUKAS R. Who Cooperates on R&D?［J］. Research

Policy, 2001, 30 (2): 297-312.

[144] BELDERBOS R, CARREE M, LOKSHIN B. Cooperative R&D and Firm Performance [J]. Research Policy, 2004, 33 (10): 1477-1492.

[145] UN C A, CUERVO-CAZURRA A, ASAKAWA K. R&D Collaborations and Product Innovation [J]. Journal of Product Innovation Management, 2010, 27 (5): 673-689.

[146] WONG C Y, BOON-ITT S, WONG C W. The Contingency Effects of Environmental Uncertainty on the Relationship between Supply Chain Integration and Operational Performance [J]. Journal of Operations Management, 2011, 29 (6): 604-615.

[147] DAGNINO G B, LEVANTI G A. Interorganizational Network and Innovation: A Bibliometric Study and Proposed Research Agenda [J]. Journal of Business & Industrial Marketing, 2015, 30 (3/4): 354-377.

[148] FLEMING P, SPICER A. Power in Management and Organization Science [J]. Academy of Management Annals, 2014, 8 (1): 237-298.

[149] CUEVAS J M, JULKUNEN S, GABRIELSSON M. Power Symmetry and the Development of Trust in Interdependent Relationships: The Mediating Role of Goal Congruence [J]. Industrial Marketing Management, 2015, 48 (7): 149-159.

[150] MEEHAN J, WRIGHT G H. The Origins of Power In Buyer-Seller Relationships [J]. Industrial Marketing Management, 2012, 41 (4): 669-679.

[151] 高映红, 刘国新. 网络权力与创新网络的治理 [J]. 科技管理研究, 2011 (1): 194-196.

[152] 易明, 李想姣, 陈延辉. 产业集群网络权力关系配置与集群剩余分配合理化 [J]. 理论月刊, 2011 (8): 161-164.

[153] 孙国强, 张宝建, 徐俪凤. 网络权力理论研究前沿综述及展望 [J]. 外国经济与管理, 2014 (12): 47-55.

［154］孙国强，吉迎东，张宝建. 网络结构、网络权力与合作行为——基于世界旅游小姐大赛支持网络的微观证据［J］. 南开管理评论，2016，19（1）：43-53.

［155］谢永平，韦联达，邵理辰. 核心企业网络权力对创新网络成员行为影响［J］. 工业工程与管理，2014（3）：72-78.

［156］张巍，党兴华. 企业网络权力与网络能力关联性研究——基于技术创新网络的分析［J］. 科学学研究，2011（7）：1094-1101.

［157］程鲜妮，邸德海. 供应链中权力的不对称性对适应化行为的影响［J］. 商业研究，2004（23）：84-87.

［158］MALONI M，BENTON W C. Power Influences in the Supply Chain［J］. Journal of Business Logistics，2000，21（1）：49-74.

［159］DHANASAI C，PARKHE A. Orchestrating Innovation Networks［J］. Academy of Management Review，2006，31（3）：659-669.

［160］RAJAN R G，ZINGALES L. Power in a Theory of the Firm［J］. The Quarterly Journal of Economics，1998，113（2）：387-432.

［161］PÉREZ-NORDTVEDT L，KEDIA B L，DATTA D K. Effectiveness and Efficiency of Cross-Border Knowledge Transfer：An Empirical Examination［J］. Journal of Management Studies，2008，45（4）：714-744.

［162］FRENCH J R，RAVEN B，CARTWRIGHT D. The Bases of Social Power［J］. Classics of Organization Theory，1959（120）：150-167.

［163］霍宝锋，韩昭君，赵先德. 权力与关系承诺对供应商整合的影响［J］. 管理科学学报，2013，16（4）：33-50.

［164］刘文彬，唐杰. 网络组织内权力的来源与变迁初探［J］. 电子科技大学学报（社会科学版），2009（5）：9-12.

［165］雷昊. 供应链中的权力冲突分析［J］. 科技进步与对策，2004，21（11）：68-69.

［166］过聚荣，茅宁. 基于进入权理论的技术创新网络治理分析［J］. 中国软科学，2005（2）：73-91.

［167］易明 . 产业集群治理结构与网络权力关系配置［J］. 宏观经济研究，2010（3）：42-47.

［168］王琴 . 网络治理的权力基础：一个跨案例研究［J］. 南开管理评论，2012，15（3）：91-100.

［169］GASKI J. The Inverse Power Source，Power Relationship：An Empirical Note on a Marketing Anomaly［J］. Research in Marketing，1987（9）：145-161.

［170］WERNERFELT B. A Resource-Based View of the Firm［J］. Strategic Management Journal，1984，5（2）：171-180.

［171］BARNEY J. Firm Resources and Sustained Competitive Advantage［J］. Journal of Management，1991，17（1）：99-120.

［172］任浩，甄杰 . 管理学百年演进与创新：组织间关系的视角［J］. 中国工业经济，2012（12）：89-101.

［173］KNOKE D. Networks of Political Action：Toward Theory Construction［J］. Social Forces，1990，68（4）：1041-1063.

［174］GRANT R M. Toward a Knowledge-Based Theory of the Firm［J］. Strategic Management Journal，1996，17（S2）：109-122.

［175］ARGOTE L，INGRAM P. Knowledge Transfer：A Basis for Competitive Advantage in Firms［J］. Organizational Behavior and Human Decision Processes，2000，82（1）：150-169.

［176］GRANT R M，BADEN-FULLER C. A Knowledge Accessing Theory of Strategic Alliances［J］. Journal of Management Studies，2004，41（1）：61-84.

［177］YAO Z，YANG Z，FISHER G J. Knowledge Complementarity，Knowledge Absorption Effectiveness，and New Product Performance：The Exploration of International Joint Ventures in China［J］. International Business Review，2013，22（1）：216-227.

［178］FRANKORT H T. When does Knowledge Acquisition in R&D

Alliances Increase New Product Development? The Moderating Roles of Technological Relatedness and Product-Market Competition [J]. Research Policy, 2016, 45 (1): 291-302.

[179] ZHANG W, JIANG Y, ZHANG W. Capabilities for Collaborative Innovation of Technological Alliance: A Knowledge-Based View [J]. IEEE Transactions on Engineering Management, 2019 (99): 1-11.

[180] ABDUL S B, HASSAN A. Rise and Fall of Knowledge Power: An In-Depth Investigation [J]. Humanomics, 2008, 24 (1): 17-27.

[181] YAMAGISHI T, GILLMORE M R, COOK K S. Network Connections and the Distribution of Power in Exchange Networks [J]. American Journal of Sociology, 1988, 93 (4): 833-851.

[182] BRASS D J, BURKHARDT M E. Potential Power and Power Use: An Investigation of Structure and Behavior [J]. Academy of Management Journal, 1993, 36 (3): 441-470.

[183] WINCENT J, ANOKHIN S, ÖRTQVIST D. Quality Meets Structure: Generalized Reciprocity and Firm-Level Advantage in Strategic Networks [J]. Journal of Management Studies, 2010, 47 (4): 597-624.

[184] ROWLEY T J. Moving beyond Dyadic Ties: A Network Theory of Stakeholder Influences [J]. Academy of Management Review, 1997, 22 (4): 887-910.

[185] FREEMAN L C. Centrality in Social Networks Conceptual Clarification [J]. Social Networks, 1978, 1 (3): 215-239.

[186] OLIVER C. Strategic Responses to Institutional Processes [J]. Academy of Management Review, 1991, 16 (1): 145-179.

[187] GEREFFI G. Global Commodity Chains: New Forms of Coordination and Control Among Nations and Firms in International Industries [J]. Competition & Change, 1996, 1 (4): 427-439.

[188] GRANOVETTER M. The Impact of Social Structure on Economic

Outcomes [J]. Journal of Economic Perspectives, 2005, 19 (1): 33-50.

[189] SOZEN H C. Social Networks and Power in Organizations [J]. Personnel Review, 2012, 41 (4): 487-512.

[190] MA D, RHEE M, YANG D. Power Source Mismatch and the Effectiveness of Interorganizational Relations: The Case of Venture Capital Syndication [J]. Academy of Management Journal, 2013, 56 (3): 711-734.

[191] KÄHKÖNEN A K. The Influence of Power Position on the Depth of Collaboration [J]. Supply Chain Management: An International Journal, 2014, 19 (1): 17-30.

[192] 韩莹, 陈国宏, 梁娟. 基于网络权力的产业集群二元式创新下知识闭环系统知识定价、收益与协调研究 [J]. 中国管理科学, 2017, 25 (3): 68-75.

[193] SHORE J, BERNSTEIN E, LAZER D. Facts and Figuring: An Experimental Investigation of Network Structure and Performance in Information and Solution Spaces [J]. Organization Science, 2015, 26 (5): 1432-1446.

[194] 刘立, 党兴华. 企业知识价值性、结构洞对网络权力影响研究 [J]. 科学学与科学技术管理, 2014 (6): 166-173.

[195] COLLIN K, SINTONEN T, PALONIEMI S. Work, Power and Learning in a Risk Filled Occupation [J]. Management Learning, 2011, 42 (3): 301-318.

[196] DHANARAJ C, LYLES M A, STEENSMA H K. Managing Tacit and Explicit Knowledge Transfer in IJVs: The Role of Relational Embeddedness and the Impact on Performance [J]. Journal of International Business Studies, 2004, 35 (5): 428-442.

[197] 赵炎, 王冰. 战略联盟网络的结构属性、资源属性与企业知识创造——基于中国生物医药产业的实证研究 [J]. 软科学, 2014, 28 (7): 59-64.

[198] 赵炎, 孟庆时. 创新网络中基于结派行为的企业创新能力评价

［J］. 科研管理，2014，35（7）：35-43.

［199］WASSERMAN S，FAUST K. Social Network Analysis：Methods and Applications［M］. Cambridge：Cambridge University Press，1994.

［200］JI Y K，HOWARD M，PAHNKE E C. Understanding Network Formation in Strategy Research：Exponential Random Graph Models［J］. Strategic Management Journal，2015，31（7）：1123-1129.

［201］BAUM J A，COWAN R，JONARD N. Network - Independent Partner Selection and the Evolution of Innovation Networks［J］. Management Science，2010，56（11）：2094-2110.

［202］DEKKER H C. Partner Selection and Governance Design in Interfirm Relationships［J］. Accounting，Organizations and Society，2008，33（7）：915-941.

［203］LI D，EDEN L，HITT M A，et al. Friends，Acquaintances，or Strangers？Partner Selection in R&D Alliances［J］. Academy of Management Journal，2008，51（2）：315-334.

［204］COWAN K，PASWAN A K，STEENBURG E V. When Inter-Firm Relationship Benefits Mitigate Power Asymmetry［J］. Industrial Marketing Management，2015（48）：140-148.

［205］DEKKER H C，ABBEELE A V D. Organizational Learning and Interfirm Control：The Effects of Partner Search and Prior Exchange Experiences［J］. Organization Science，2010，21（6）：1233-1250.

［206］KATILA R，AHUJA G. Something Old，Something New：A Longitudinal Study of Search Behavior and New Product Introduction［J］. Academy of Management Journal，2002，45（6）：1183-1194.

［207］KANE G C，ALAVI M. Information Technology and Organizational Learning：An Investigation of Exploration and Exploitation Processes［J］. Organization Science，2007，18（5）：796-812.

［208］BENNER M J，TUSHMAN M L. Exploitation，Exploration，and

Process Management： The Productivity Dilemma Revisited ［J］. Academy of Management Review, 2003, 28 (2)： 238-256.

［209］ LI Y H, HUANG J W. Exploitative and Exploratory Learning in Transactive Memory Systems and Project Performance ［J］. Information & Management, 2013, 50 (6)： 304-313.

［210］ WANG C L, RAFIQ M. Ambidextrous Organizational Culture, Contextual Ambidexterity and New Product Innovation： A Comparative Study of UK and C hinese High-Tech Firms ［J］. British Journal of management, 2014, 25 (1)： 58-76.

［211］ 吉迎东, 党兴华, 弓志刚. 技术创新网络中知识共享行为机理研究——基于知识权力非对称视角 ［J］. 预测, 2014, 33 (3)： 8-14.

［212］ 魏龙, 党兴华. 网络权力、网络搜寻与网络惯例—— 一个交互效应模型 ［J］. 科学学与科学技术管理, 2017 (2)： 138-149.

［213］ 徐可, 何桢, 王瑞. 技术创新网络的知识权力、结构权力对网络惯例影响 ［J］. 管理科学, 2014, 27 (5)： 24-34.

［214］ 孙永磊, 党兴华. 基于知识权力的网络惯例形成研究 ［J］. 科学学研究, 2013, 31 (9)： 1372-1380.

［215］ AHITUV N, CARMI N. Measuring the Power of Information in Organizations ［J］. Human Systems Management, 2007, 26 (4)： 231-246.

［216］ POWELL W W, WHITE D R, KOPUT K W. Network Dynamics and Field Evolution： The Growth of Interorganizational Collaboration in the Life Sciences ［J］. American Journal of Sociology, 2005, 110 (4)： 1132-1205.

［217］ 芮正云, 罗瑾琏. 新创企业联盟能力, 网络位置跃迁对其知识权力的影响——基于知识网络嵌入视角 ［J］. 管理评论, 2017, 29 (8)： 187-197.

［218］ ZAHEER A, BELL G G. Benefiting from Network Position： Firm Capabilities, Structural Holes, and Performance ［J］. Strategic Management Journal, 2005, 26 (9)： 809-825.

［219］ PARUCHURI S. Intraorganizational Networks, Interorganizational Networks, and the Impact of Central Inventors: A Longitudinal Study of Pharmaceutical Firms ［J］. Organization Science, 2010, 21 (1): 63-80.

［220］ GULATI R. Alliances and Networks ［J］. Strategic Management Journal, 1998, 19 (4): 293-317.

［221］ SYTCH M, TATARYNOWICZ A, GULATI R. Toward a Theory of Extended Contact: The Incentives and Opportunities for Bridging Across Network Communities ［J］. Organization Science, 2012, 23 (6): 1658-1681.

［222］ 赵红梅, 王宏起. R&D 联盟网络结构对高新技术企业竞争优势影响研究 ［J］. 科研管理, 2013, 34 (12): 143-152.

［223］ LIN C P, LIN H M. Maker-Buyer Strategic Alliances: An Integrated Framework ［J］. Journal of Business & Industrial Marketing, 2009, 25 (1): 43-56.

［224］ ELFENBEIN D W, ZENGER T R. What is a Relationship Worth? Repeated Exchange and the Development and Deployment of Relational Capital ［J］. Organization Science, 2014, 25 (1): 222-244.

［225］ GREVE H R, BAUM J A, MITSUHASHI H. Built to Last But Falling Apart: Cohesion, Friction, and Withdrawal from Interfirm Alliances ［J］. Academy of Management Journal, 2010, 53 (2): 302-322.

［226］ 李琳, 吴越. 地理邻近、网络位置对产学联盟合作创新的影响 ［J］. 中国科技论坛, 2014 (9): 75-78, 83.

［227］ BURT R S, KNEZ M. Kinds of Third-Party Effects on Trust ［J］. Rationality and Society, 1995, 7 (3): 255-292.

［228］ PAQUIN R L, HOWARD - GRENVILLE J. Blind Dates and Arranged Marriages: Longitudinal Processes of Network Orchestration ［J］. Organization Studies, 2013, 34 (11): 1623-1653.

［229］ REAGANS R, SINGH P V, KRISHNAN R. Forgotten Third Parties: Analyzing the Contingent Association between Unshared Third Parties,

Knowledge Overlap, and Knowledge Transfer Relationships with Outsiders [J]. Organization Science, 2015, 26 (5): 1400-1414.

[230] JONCZYK C D, LEE Y G, GALUNIC C D. Relational Changes During Role Transitions: The Interplay of Efficiency and Cohesion [J]. Academy of Management Journal, 2016, 59 (3): 956-982.

[231] PERRY - SMITH J, MANNUCCI P V. From Creativity to Innovation: The Social Network Drivers of the Four Phases of the Idea Journey [J]. Academy of Management Review, 2017, 42 (1): 53-79.

[232] TER WAL A L, ALEXY O, BLOCK J. The Best of Both Worlds: The Benefits of Open-Specialized and Closed-Diverse Syndication Networks for New Ventures' Success [J]. Administrative Science Quarterly, 2016, 61 (3): 393-432.

[233] 常红锦, 党兴华, 史永立. 网络嵌入性与成员退出: 基于创新网络的分析 [J]. 研究与发展管理, 2013, 25 (4): 30-40.

[234] SHIPILOV A V, LI S X, GREVE H R. The Prince and the Pauper: Search and Brokerage in the Initiation of Status - Heterophilous Ties [J]. Organization Science, 2011, 22 (6): 1418-1434.

[235] YIN X, WU J, TSAI W. When Unconnected Others Connect: Does Degree of Brokerage Persist after the Formation of a Multipartner Alliance? [J]. Organization Science, 2012, 23 (23): 1682-1699.

[236] CLEMENT J, SHIPILOV A, GALUNIC D C. Brokerage as a Public Good: The Externalities of Network Hubs for Different Formal Roles in Creative Organizations [J]. Administrative Science Quarterly, 2018, 63 (2): 251-286.

[237] BOSCHMA R. Proximity and Innovation: A Critical Assessment [J]. Regional Studies, 2005, 39 (1): 61-74.

[238] BALLAND P-A, BOSCHMA R, FRENKEN K. Proximity and innovation: From statics to dynamics [J]. Regional Studies, 2015, 49 (6):

907-920.

[239] MITSUHASHI H, MIN J. Embedded Networks and Suboptimal Resource Matching in Alliance Formations [J]. British Journal of Management, 2016, 27 (2): 287-303.

[240] DI VINCENZO F, MASCIA D. Social Capital in Project-Based Organizations: Its Role, Structure, and Impact on Project Performance [J]. International Journal of Project Management, 2012, 30 (1): 5-14.

[241] SCHILLING M A, PHELPS C C. Interfirm Collaboration Networks: The Impact of Large-Scale Network Structure on Firm Innovation [J]. Management Science, 2007, 53 (7): 1113-1126.

[242] REUER J J, LAHIRI N. Searching for Alliance Partners: Effects of Geographic Distance on the Formation of R&D Collaborations [J]. Organization Science, 2014, 25 (1): 283-298.

[243] HENN S, BATHELT H. Cross - Local Knowledge Fertilization, Cluster Emergence, and the Generation of buzz [J]. Industrial and Corporate Change, 2018, 27 (3): 449-466.

[244] SEDITA S R, BELLUSI F, GRANDINETTI R. How does a Networked Business Incubator Fuel Cluster Emergence? A Theoretical Discussion and an Empirical Illustration [M]. London: Entrepreneurship and Cluster dynamics. Routledge, 2016.

[245] NAN D, LIU F, MA R. Effect of Proximity on Recombination Innovation in R&D Collaboration: An Empirical Analysis [J]. Technology Analysis & Strategic Management, 2018, 30 (8): 921-934.

[246] CORSARO D, CANTÙ C, TUNISINI A. Actors' Heterogeneity in Innovation Networks [J]. Industrial Marketing Management, 2012, 41 (5): 780-789.

[247] RITALA P, HUIZINGH E, ALMPANOPOULOU A. Tensions in R&D Networks: Implications for Knowledge Search and Integration [J]. Tech-

nological Forecasting and Social Change, 2017, 120 (7): 311-322.

[248] GNYAWALI D R, PARK B J R. Co-Opetition between Giants: Collaboration with Competitors for Technological Innovation [J]. Research Policy, 2011, 40 (5): 650-663.

[249] JARVENPAA S L, MAJCHRZAK A. Interactive Self-Regulatory theory for Sharing and Protecting in Interorganizational Collaborations [J]. Academy of Management Review, 2016, 41 (1): 9-27.

[250] LAURSEN K, SALTER A J. The Paradox of Openness: Appropriability, External Search and Collaboration [J]. Research Policy, 2014, 43 (5): 867-878.

[251] HERVAS-OLIVER J L, ALBORS-GARRIGOS J. The Role of the Firm's Internal and Relational Capabilities in Clusters: When Distance and Embeddedness are not Enough to Explain Innovation [J]. Journal of Economic Geography, 2009, 9 (2): 263-283.

[252] SYTCH M, TATARYNOWICZ A. Exploring the Locus of Invention: The Dynamics of Network Communities and firms' Invention productivity [J]. Academy of Management Journal, 2014, 57 (1): 249-279.

[253] LAVIE D, HAUNSCHILD P R, KHANNA P. Organizational Differences, Relational Mechanisms, and Alliance Performance [J]. Strategic Management Journal, 2012, 33 (13): 1453-1479.

[254] PORAC J F, THOMAS H, WILSON F. Rivalry and the Industry Model of Scottish Knitwear Producers [J]. Administrative Science Quarterly, 1995, 40 (2): 203-227.

[255] YAN Y, ZHANG J, GUAN J. The Dynamics of Technological Partners: A Social Network Perspective [J]. Technology Analysis & Strategic Management, 2018, 30 (4): 405-420.

[256] VLĂSCEANU C. Impact of Clusters on Innovation, Knowledge and Competitiveness in the Romanian Economy [J]. Economia Seria Management,

2014, 17 (1): 50-60.

[257] GOMESCASSERES B. Group Versus Group: How Alliance Networks Compete [J]. Harvard Business Review, 1994, 72 (4): 62-66.

[258] HEIDL R, STEENSMA K, PHELPS C. Divisive Faultlines and the Unplanned Dissolution of Multipartner A Liances [R]. University of Washington Working Paper, 2014.

[259] BORGATTI S P, HALGIN D S. On Network Theory [J]. Organization Science, 2011, 22 (5): 1168-1181.

[260] MAYER K J, ARGYRES N S. Learning to Contract: Evidence from the Personal Computer Industry [J]. Organization Science, 2004, 15 (4): 394-410.

[261] BENDOLY E, SWINK M. Prioritizing and Monitoring Concurrent Project Work: Effects on Switching Behavior [J]. Production & Operations Management, 2014, 23 (5): 847-860.

[262] BESSANT J, OEBERG C, TRIFILOVA A. Framing Problems in Radical Innovation [J]. Industrial Marketing Management, 2014, 43 (8): 1284-1292.

[263] GARGIULO M, BENASSI M. Trapped in Your Own Net? Network Cohesion, Structural Holes, and the Adaptation of Social Capital [J]. Organization Science, 2000, 11 (2): 183-196.

[264] MCEVILY B, MARCUS A. Embedded Ties and the Acquisition of Competitive Capabilities [J]. Strategic Management Journal, 2005, 26 (11): 1033-1055.

[265] BELL G G. Clusters, Networks, and Firm Innovativeness [J]. Strategic Management Journal, 2005, 26 (3): 287-295.

[266] OZER M, ZHANG W. The Effects Of Geographic and Network Ties On Exploitative and Exploratory Product Innovation [J]. Strategic Management Journal, 2015, 36 (7): 1105-1114.

［267］KNOKE D. Playing Well Together Creating Corporate Social Capital in Strategic Alliance Networks ［J］. American Behavioral Scientist, 2009, 52 (12): 1690-1708.

［268］SONENSHEIN S, NAULT K, OBODARU O. Competition of a Different Flavor: How a Strategic Group Identity Shapes Competition and Cooperation ［J］. Administrative Science Quarterly, 2017, 62 (4): 626-656.

［269］ZHANG S, ZHANG N, ZHU S, et al. A Foot in Two Camps or Your Undivided Attention? The Impact of Intra-And Inter-Community Collaboration on Firm Innovation Performance ［J］. Technology Analysis & Strategic Management, 2020 (4): 1-16.

［270］UZZI B. Social Structure and Competition in Interfirm Networks: The Paradox of Embeddedness ［J］. Administrative Science Quarterly, 1997, 42 (1): 35-67.

［271］QIU S, LIU X, GAO T. Do Emerging Countries Prefer Local Knowledge or Distant Knowledge? Spillover Effect of University Collaborations on Local Firms ［J］. Research Policy, 2017, 46 (7): 1299-1311.

［272］CORRADINI C, DE PROPRIS L. Beyond Local Search: Bridging Platforms and Inter-Sectoral Technological Integration ［J］. Research Policy, 2017, 46 (1): 196-206.

［273］TSENG C Y, LIN S C, PAI D C. The Relationship between Innovation Network and Innovation Capability: A Social Network Perspective ［J］. Technology Analysis & Strategic Management, 2016, 28 (9): 1029-1040.

［274］BAUM J A C, CALABRESE T, SILVERMAN B S. Don't go it Alone: Alliance Network Composition and Startups' Performance in Canadian Biotechnology ［J］. Strategic Management Journal, 2000, 21 (3): 267-294.

［275］NOHRIA N, GARCIA-PONT C. Global Strategic Linkages and Industry Structure ［J］. Strategic Management Journal, 1991, 12 (S1): 105-124.

［276］RANJAY, GULATI, NITIN, et al. Strategic Networks ［J］. Strategic

Management Journal, 1998, 19 (4): 293-317.

［277］ HANSEN M T. The Search-Transfer Problem: The Role of Weak Ties in Sharing Knowledge across Organization Subunits ［J］. Administrative Science Quarterly, 1999, 44 (1): 82-111.

［278］ OU A Y, SEO J J, CHOI D, et al. When can Humble Top Executives Retain Middle Managers? The Moderating Role of Top Management Team Faultlines ［J］. Academy of Management Journal, 2017, 60 (5): 1915-1931.

［279］ MCPHERSON M, SMITHLOVIN L, COOK J. Birds of a Feather: Homophily in Social Networks ［J］. Annual Review of Sociology, 2001, 15 (4): 344-349.

［280］ LANE P J, LUBATKIN M. Relative Absorptive Capacity and Interorganizational Learning ［J］. Strategic Management Journal, 1998, 19 (5): 461-477.

［281］ BRASS D J, BUTTERFIELD K D, SKAGGS B C. Relationships and Unethical Behavior: A Social Network Perspective ［J］. Academy of Management Review, 1998, 23 (1): 14-31.

［282］ MILANOV H, SHEPHERD D A. The Importance of the First Relationship: The Ongoing Influence of Initial Network on Future Status ［J］. Strategic Management Journal, 2013, 34 (6): 727-750.

［283］ ANDERSON A, HUTTENLOCHER D, KLEINBERG J. Global Diffusion Via Cascading Invitations: Structure, Growth, and Homophily ［C］. Proceedings of the Proceedings of the 24th International Conference on World Wide Web, F, 2015.

［284］ BRUYAKA O, PHILIPPE D, CASTANER X. Run Away or Stick Together? The Impact of Organization-Specific Adverse Events on Alliance Partner Defection ［J］. Academy of Management Review, 2018, 26 (3): 1-27.

［285］ AHUJA G, SODA G, ZAHEER A. The Genesis and Dynamics of Organizational Networks ［J］. Organization Science, 2012, 23 (2): 434-448.

［286］曾德明，任浩，戴海闻. 组织邻近和组织背景对组织合作创新地理距离的影响［J］. 管理科学，2014，27（4）：12-22.

［287］李琳，张宇. 地理邻近与认知邻近下企业战略联盟伙伴选择的影响机制——基于 SIENA 模型的实证研究［J］. 工业技术经济，2015（4）：27-35.

［288］CARTON A M, CUMMINGS J N. The Impact of Subgroup Type and Subgroup Configurational Properties on Work Team Performance［J］. Journal of Applied Psychology，2013，98（5）：732-758.

［289］YANG S, HEXMOOR H. Measuring Optimal Connections in Large Networks：A New Algorithm and Its Applications［J］. Journal of Mathematical Sociology，2004，28（3）：197-213.

［290］GEFEN D, KARAHANNA E, STRAUB D W. Trust and TAM in online shopping：An integrated model［J］. MIS quarterly，2003，27（1）：51-90.

［291］SCHILKE O, COOK K S. Sources of Alliance Partner Trustworthiness：Integrating Calculative and Relational Perspectives［J］. Strategic Management Journal，2015，36（2）：276-297.

［292］ROGAN M, GREVE H R. Resource Dependence Dynamics：Partner Reactions to Mergers［J］. Organization Science，2015，26（1）：239-255.

［293］SHAH R H, SWAMINATHAN V. Factors Influencing Partner Selection in Strategic Alliances：The Moderating Role of Alliance Context［J］. Strategic Management Journal，2008，29（5）：471-494.

［294］LIOUKAS C S, REUER J J. Isolating Trust Outcomes from Exchange Relationships：Social Exchange and Learning Benefits of Prior Ties in Alliances［J］. Academy of Management Journal，2015，58（6）：2655-2694.

［295］LIU Y, RAVICHANDRAN T. Alliance Experience, It – Enabled Knowledge Integration, and Exante Value Gains［J］. Organization Science，2015，26（2）：511-530.

［296］LI D, FERREIRA M P. Partner Selection for International Strategic Alliances in Emerging Economies ［J］. Scandinavian Journal of Management, 2008, 24 (4): 308-319.

［297］OH H, CHUNG M H, LABIANCA G. Group Social Capital and Group Effectiveness: The Role of Informal Socializing Ties ［J］. Academy of Management Journal, 2004, 47 (6): 860-875.

［298］GULATI R. Does Familiarity Breed Trust? The Implications of Repeated Ties for Contractual Choice in Alliances ［J］. Academy of Management Journal, 1995, 38 (1): 85-112.

［299］HAGEDOORN J, LETTERIE W, PALM F. The Information Value of R&D Alliances: The Preference for Local or Distant Ties ［J］. Strategic Organization, 2011, 9 (4): 283-309.

［300］吕一博, 程露, 苏敬勤. 组织惯性对集群网络演化的影响研究——基于多主体建模的仿真分析 ［J］. 管理科学学报, 2015, 18 (6): 30-40.

［301］ARINO A, DE LA TORRE J. Learning from Failure: Towards an Evolutionary Model of Collaborative Ventures ［J］. Organization Science, 1998, 9 (3): 306-325.

［302］YEUNG A C, LAI K H, YEE R W. Organizational Learning, Innovativeness, and Organizational Performance: A Qualitative Investigation ［J］. International Journal of Production Research, 2007, 45 (11): 2459-2477.

［303］SPENDER J C. Organizational Learning and Knowledge Management: Whence and Whither? ［J］. Management Learning, 2008, 39 (2): 159-176.

［304］AIZPURÚA L I, SALDAÑA P E Z, SALDAÑA A Z. Learning for Sharing: An Empirical Analysis of Organizational Learning and Knowledge Sharing ［J］. International Entrepreneurship and Management Journal, 2011, 7 (4): 509-518.

［305］GARWIN D A. Building a Learning Organization ［J］. Harvard

Business Review, 1993, 71 (4): 73-91.

[306] POWELL W W, SMITH-DOERR L. Interorganizational Collaboration and the Locus of Innovation: Networks of Learning in Biotechnology [J]. Administrative Science Quarterly, 1996, 41 (1): 116-145.

[307] GUPTA S, POLONSKY M. Inter-Firm Learning and Knowledge-Sharing in Multinational Networks: An Outsourced Organization's Perspective [J]. Journal of Business Research, 2014, 67 (4): 615-622.

[308] HUSTED K, MICHAILOVA S. Dual Allegiance and Knowledge Sharing in Inter-Firm R&D Collaborations [J]. Organizational Dynamics, 2010, 39 (1): 37.

[309] USMAN M, AHMAD M I, BURGOYNE J. Individual and Organizational Learning from Inter-Firm Knowledge Sharing: A Framework Integrating Inter-Firm and Intra-Firm Knowledge Sharing and Learning [J]. Canadian Journal of Administrative Sciences/Revue Canadienne des Sciences De l'Administration, 2019, 36 (4): 484-497.

[310] CHUNG H F, YANG Z, HUANG P H. How does Organizational Learning Matter in Strategic Business Performance? The Contingency Role of Guanxi Networking [J]. Journal of Business Research, 2015, 68 (6): 1216-1224.

[311] MASON K, OSHRI I, LEEK S. Shared Learning in Supply Networks: Evidence from an Emerging Market Supply Network [J]. European Journal of Marketing, 2012, 46 (11-12): 1743-1762.

[312] SWAN J, SCARBROUGH H, NEWELL S. Why don't (or do) Organizations Learn from Projects? [J]. Management Learning, 2010, 41 (3): 325-344.

[313] LAUREIRO-MARTíNEZ D, BRUSONI S, CANESSA N. Understanding the Exploration-Exploitation Dilemma: An fMRI Study of Attention Control and Decision-Making Performance [J]. Strategic Management Journal, 2015, 36 (3): 319-338.

[314] USMAN M, AHMAD M I. Parallel Mediation Model of Social Capital, Learning and the Adoption of Best Crop Management Practices: Evidence from Pakistani Small Farmers [J]. China Agricultural Economic Review, 2018, 10 (4): 589-607.

[315] AHMAD A, BOSUA R, SCHEEPERS R. Protecting Organizational Competitive Advantage: A Knowledge Leakage Perspective [J]. Computers & Security, 2014, 42 (4): 27-39.

[316] AMBROSINI V, BOWMAN C. Tacit Knowledge: Some Suggestions for Operationalization [J]. Journal of Management studies, 2001, 38 (6): 811-829.

[317] ROSENKOPF L, NERKAR A. Beyond Local Search: Boundary-Spanning, Exploration, and Impact in the Optical Disk Industry [J]. Strategic Management Journal, 2001, 22 (4): 287-306.

[318] VILLENA V H, REVILLA E, CHOI T Y. The Dark Side of Buyer-Supplier Relationships: A Social Capital Perspective [J]. Journal of Operations Management, 2011, 29 (6): 561-576.

[319] BOTELHO T L. Here's an Opportunity: Knowledge Sharing among Competitors as a Response to Buy-In Uncertainty [J]. Organization Science, 2018, 29 (6): 1033-1055.

[320] HURMELINNA-LAUKKANEN P, OLANDER H. Coping with Rivals' Absorptive Capacity in Innovation Activities [J]. Technovation, 2014, 34 (1): 3-11.

[321] WENG C S. Structural Embeddedness and Position: Evidences from Affiliation of Patent with Technological Classifications [J]. Technology Analysis & Strategic Management, 2018, 30 (10): 1148-1165.

[322] BECKMAN C M, HAUNSCHILD P R. Network Learning: The Effects of Partners' Heterogeneity of Experience on Corporate Acquisitions [J]. Administrative Science Quarterly, 2002, 47 (1): 92-124.

［323］WOODS J, GALBRAITH B, HEWITT-DUNDAS N. Network Centrality and Open Innovation: A Social Network Analysis of an SME Manufacturing Cluster ［J］. IEEE Transactions on Engineering Management, 2019, 69 (2): 351-364.

［324］ANDERSEN K V. The Problem of Embeddedness Revisited: Collaboration and Market Types ［J］. Research Policy, 2013, 42 (1): 139-148.

［325］GULATI R, GARGIULO M. Where Do Interorganizational Networks Come From? ［J］. American Journal of Sociology, 1999, 104 (5): 1439-1493.

［326］TORTORIELLO M, MCEVILY B, KRACKHARDT D. Being a Catalyst of Innovation: The Role of Knowledge Diversity and Network Closure ［J］. Organization Science, 2014, 26 (2): 423-438.

［327］MAZZOLA E, PERRONE G, HANDFIELD R. Change is Good, But Not Too Much: Dynamic Positioning in the Interfirm Network and New Product Development ［J］. Journal of Product Innovation Management, 2018, 35 (6): 960-982.

［328］BURT R S, MERLUZZI J. Embedded Brokerage: Hubs Versus Locals ［J］. Research in the Sociology of Organizations, 2014 (44): 161-177.

［329］GUAN J, ZHANG J, YAN Y. A Dynamic Perspective on Diversities and Network Change: Partner Entry, Exit and Persistence ［J］. International Journal of Technology Management, 2017, 74 (4): 221-242.

［330］MESCHI P X, WASSMER U. The Effect of Foreign Partner Network Embeddedness on International Joint Venture Failure: Evidence from European Firms' Investments in Emerging Economies ［J］. International Business Review, 2013, 22 (4): 713-724.

［331］OBSTFELD D. Social Networks, The Tertius Iungens Orientation, and Involvement in Innovation ［J］. Administrative Science Quarterly, 2005, 50 (1): 100-130.

［332］PHILLIPS S, COONEY M. Aiding Peace, Abetting Violence: Third

Parties and the Management of Conflict [J]. American Sociological Review, 2005, 70 (2): 334-354.

[333] FLEMING L, MINGO S, CHEN D. Collaborative Brokerage, Generative Creativity, And Creative Success [J]. Administrative Science Quarterly, 2007, 52 (3): 443-475.

[334] 胡保亮, 方刚. 网络位置、知识搜索与创新绩效的关系研究——基于全球制造网络与本地集群网络集成的观点 [J]. 科研管理, 2013, 34 (11): 18-26.

[335] BILLITTERI C, NIGRO G L, PERRONE G. How Risk Influences the Choice of Governance Mode in Biopharmaceutical Inter-Firm Relationships [J]. International Business Review, 2013, 22 (22): 932-950.

[336] ROBINSON D T, STUART T E. Network Effects in the Governance of Strategic Alliances [J]. Journal of Law Economics & Organization, 2007, 23 (1): 242-273.

[337] BAUM J A C, ROWLEY T J, SHIPILOV A V. Dancing with Strangers: Aspiration Performance and the Search for Underwriting Syndicate Partners [J]. Administrative Science Quarterly, 2005, 50 (4): 536-575.

[338] STUART T E. Interorganizational Alliances and the Performance of Firms: A Study of Growth and Innovation Rates in a High-Technology Industry [J]. Strategic Management Journal, 2000, 21 (8): 791-811.

[339] REINHOLT M, FOSS N J. Why a Central Network Position Isn't Enough: The Role of Motivation and Ability for Knowledge Sharing in Employee Networks [J]. Academy of Management Journal, 2011, 54 (6): 1277-1297.

[340] 党兴华, 张巍. 网络嵌入性、企业知识能力与知识权力 [J]. 中国管理科学, 2012, 20 (S2): 615-620.

[341] KALE P, SINGH H. Building Firm Capabilities through Learning: The Role of the Alliance Learning Process in Alliance Capability and Firm-Level Alliance Success [J]. Strategic Management Journal, 2007, 28 (10): 981-1000.

[342] CHEN Y H, LIN T P, YEN D C. How to Facilitate Inter-Organizational Knowledge Sharing: The Impact of Trust [J]. Journal of Plastic Reconstructive & Aesthetic Surgery Jpras, 2014, 51 (5): 568-578.

[343] 弋亚群, 谷盟, 刘怡. 动态能力、双元学习与新产品开发绩效 [J]. 科研管理, 2018, 39 (1): 74-82.

[344] ATUAHENE-GIMA K, MURRAY J Y. Exploratory and Exploitative Learning in New Product Development: A Social Capital Perspective on New Technology Ventures in China [J]. Journal of International Marketing, 2007, 15 (2): 1-29.

[345] 温忠麟, 叶宝娟. 有调节的中介模型检验方法: 竞争还是替补? [J]. 心理学报, 2014, 46 (5): 714-726.

[346] 陈晓萍, 徐淑英, 樊景立. 组织与管理研究的实证方法 [M]. 2 版. 北京: 北京大学出版社, 2012.

[347] COHEN J, COHEN P, WEST S G. Applied multiple regression/correlation analysis for the behavioral sciences [M]. London: Routledge, 2013.

[348] LI X, HSIEH J P A, RAI A. Motivational Differences across Post-Acceptance Information System Usage Behaviors: An Investigation in the Business Intelligence Systems Context [J]. Information Systems Research, 2013, 24 (3): 659-682.

[349] LIU Y, LUO Y, LIU T. Governing Buyer-Supplier Relationships through Transactional and Relational Mechanisms: Evidence from China [J]. Journal of Operations Management, 2009, 27 (4): 294-309.

[350] AIKEN L S, WEST S G. Multiple Regression: Testing and Interpreting Interactions [M]. London: Sage Publications, 1991.